最猛職人
26

最猛職人

26

福滿喜事到，
人和富貴來。
——瑤池金母慈訓

福滿喜事到，
人和富貴來。
——瑤池金母慈訓

# 我在人間與靈界對話

大開本新裝版

一段尋找自我的奇幻之旅，
揭開啟靈與靈修的神祕面紗！

宇色（Osel）
著

最猛職人.26 **我在人間與靈界對話（大開本新裝版）**

**一段尋找自我的奇幻之旅，揭開啟靈與靈修的神祕面紗！**

作　　者　宇色（Osel）
封面設計　林淑慧
美　　編　吳佩真
文　　編　陳嘉燕
主　　編　高煜婷
總 編 輯　林許文二

出　　版　柿子文化事業有限公司
地　　址　11677臺北市羅斯福路五段158號2樓
業務專線　（02）89314903#15
讀者專線　（02）89314903#9
傳　　真　（02）29319207
郵撥帳號　19822651柿子文化事業有限公司
投稿信箱　editor@persimmonbooks.com.tw
服務信箱　service@persimmonbooks.com.tw

初版一刷　2011年01月
二版一刷　2016年04月
三版一刷　2022年12月
定　　價　新台幣420元
I S B N　978-626-7198-17-9



我在人間與靈界對話（大開本新裝版）：一段尋找自我的奇幻之旅，揭開啟靈與靈修的神祕面紗！／宇色（Osel）作.--三版.--臺北市：柿子文化事業有限公司，2022.12
面；　公分.--（最猛職人；26）
ISBN 978-626-7198-17-9（平裝）
1.CST:通靈術　2.CST:靈修
296.1　　111019497

# 新版序

二〇一一年剛出版《我在人間與靈界對話》時，距離與無極先天啟靈相遇正好十年。時隔十二年之久，為了替本書作新序而重新再閱讀，竟有種恍如隔世的不真實感，物換星移，人事已非，甚至有些人早已離開人世。

十年是一段不算短的日子，如果從小孩出生算起也上小學四年級了，但對於一名靈修者而言，十年卻只是處在摸著石頭過河的探索階段。倘若一開始就誤判方向、踏錯道途，十年下來，不僅空轉一場而毫無所獲，甚至有可能陷入人財兩空的局面。

或許連生命曲終人散的那一刻來臨時，對靈修的探索都尚未止歇。

書寫《我在人間與靈界對話》時，純粹抱持著將一路摸索靈修的經驗分享於世，讓有心走靈修者或與我有相同經驗的人能踏在我的經驗之路前進的初心，未曾想過之後仍有後續之作。意外的是，本書歸屬在靈異、玄學的書市類別當中，竟能長銷十年有餘，如今還有幸能再為拙著寫新版序，實為當初始料未及之事。

我修習無極先天啟靈法（靈修）已逾二十年，最難以跨越的挑戰，是將它與生命融為一體。多年來，我見過無數接觸宗教及靈修的人，因未能處理好以上二者，而導致身心與生活陷入難以自處的迷幻困局。這不僅是許多靈修初學者的困境，亦是靈性、宗教修持者必遭逢的心靈課題。

靈修具有幻惑人心與解縛靈魂的雙重力量，如同一把雙面刃，如果無法善用，就有向外傷物與向內自傷的風險。這二十多年來，我從實修經驗與自我生命探索的過程中發現，如果想從靈修獲得更純粹的體驗，以及從生命汲取精華養分注入靈修，來將意識轉化至更高意境的話，靈修與生命，二者絕不能捨其一——將靈修落實至具體的生活世界，走出一條專屬自己的天命轉化之路，才是靈修最高且唯一的境界。

本書雖名為「我在人間與靈界對話」，卻非狹隘地獨論鬼神與靈界，更探討臺灣土生土長的無極先天啟靈，簡稱「靈修」，內容主軸雖圍繞在我啟靈後的靈修故事，背後則蘊含著兩層深厚的涵義。

**第一層，是如何從靈修中撥亂反正，自燃生命亮光**。靈修出現後的那段時光，可說是我生命中最慘澹的時期，它的到來對我而言，並非讀者所見般的風光——其實，所有冥祕經驗對任何人而言，都是一趟無止境且磨人的靈性課題，尤其當它是不請自來時，更令人感到措手不及。

當時我費盡心思，努力想搞清楚那個能操控我的身體與說出另一種語言的「它」究竟是誰：為何「它」如鬼魅般緊附在我身上？「它」為何找上門來？「它」出現在我生命中的意義是什麼？「它」是鬼是神或另有其他？為何「它」的出現瞬間開啟了我的靈通感應力？然而，孤身隻影走在這條路上數年後，我才體悟到，以上一連串的問題根本不會有標準且統一的答案，更不要期待有老師能為你指點迷津。針對此問題，我的最終結論是：靈修是一趟自我轉化（self-fransformation）的心靈探索旅程——若要以一句話來說明，那就是：靈修是讓心靈成為一個真正獨立且不依托外界的完整個體。

**另一個值得探討的問題，則是延續前一個問題而來——我是誰？生命的意義是什麼？**這不僅是靈修最終極的核心問題，同時也是所有宗教的命題，如果修行無法解決「我是誰」與「生命的意義」，那麼宗教修持的核心意義又是什麼呢？這兩個問題是生而為人都必須思考與處理的問題，它只是暗藏在「靈修」裡等待有緣人發現。

在那十年當中，我確實經歷了許多追求靈通的人夢寐以求之事，探索靈界、與仙佛對話、了知前世、與鬼神打交道……，不可否認，這帶來了異於常人的不可思議經驗。雖然那時我身在其境，心中仍對眼前發生的一切有著莫大的質疑——這一切的一切，對我生命的意義為何？修行不離修養心性、解脫貪嗔痴苦，但這一切彷彿幻夢之境，似乎離此甚遠。靈修四周環繞著引人入勝、目不暇給的玄祕色彩——召靈術、堪輿風水、點靈脈、認主神、元神出竅、降乩通靈，但是屏除這些外人甚感新奇的事物之後，它又剩下什麼？以上玄祕之術甚少與個人心性修行有所關連，無極瑤池金母教導過我：「每一次的輪迴轉世都是讓我們看見清楚世界的真相。」真相則是幻相，若是如此，無極先天啟靈不也應該是幫助我們看穿幻相、拾著真相嗎？

無極先天啟靈讓元神之力甦醒，覺醒後的生命由此開展，從此，顯化於生命之外的事物，以及靈修路上一切光怪陸離的玄祕事件，都是這趟旅程中的風景，勇於挑戰、經驗、嘗試，但不能將它視為靈修的全貌。如果你有幸走在靈修路上，或正想依循我的故事向靈修前去，請務必記得——無極先天啟靈的世界，是教導你如何回歸內心去審視這一個世界（也包含重新定義了你自己），拈出心靈世界更為純粹的精華。

在翻閱本書之前，請容我再次提醒你，千萬別讓本書中精彩、玄祕又充滿奇幻的故事遮蔽了你的心，從迷幻的靈修世界中撥亂反正，自燃生命亮光，以及重新定義我是誰以架構出完整的生命意義，才是本書的核心。

**宇色**

# 第一篇．人間

## 靈修男的奇幻旅程

## 第二篇．靈界

### 與靈界對話



## 第三篇．交叉點

### 打開靈修的潘朵拉盒子

# 走不完的奇幻之旅

何謂喜劇？某位知名的舞台編劇用簡短的兩句話，一語道破喜劇的精髓——「後面推翻前面，結果讓人出乎意料。」「衝突，經常能帶來意想不到的喜劇效果。」雖然這兩句話是運用在喜劇劇本的撰寫技術上，但細細品味，如果用來形容我們短短數十載的人生，不也十分貼切？

人生就好像一幅大面積的拼圖，在拼圖過程當中，我們所能掌握的只有過去已拼好的部分，以及手上所握有的一小塊薄薄的拼片。每一片握在手中的小小拼圖碎片，就如同我們對未來的希望與期望，只要持之以恆地放妥每一片，未來就能掌握在我們手上。美國醫生瑪洛・摩根（Marlo Morgan）在其著作《曠野的聲音》裡提到：「身為群體的一分子，並不表示我們都是一樣的。每個人都是獨特的，兩個人不能同時佔有一個位置，葉子需要所有的碎片，才能組合完成，同樣的，每個人在社會中都有他特別的位置，有些人成天鑽營、走門路，到頭來還是回到屬於他的位子上。我們之中，有人選擇走直道，有人喜歡繞圈子，把自己弄得疲累不堪。」

回頭看，我們都曾在不以為意的每一片拼片（當下）之中，不知不覺地構成了一幅幅美麗的圖畫；或許它還是如此不完整，但那些都是我們曾經走過的記憶。

二〇〇一年，我無預警地自我啟靈了。在當時，啟靈、靈修、靈動、靈語等字眼並不盛行，所能尋找到的資料並不多，對於「靈修」，仍停留於跑靈山、跳靈舞、唱靈歌、寫天文上——事實上，這些也是我當時對靈修的粗略印象，而這幾個字眼也總是縈繞在我的腦海中，讓我反思這些「行為」的背後意義是什麼？它們真的對修心養性有所幫助？

從自我啟靈起（關於啟靈過程將在本書中細談），到真正接觸靈修（啟靈僅算是靈修入門磚），這中間整整距離了兩、三年時間。初期對靈修不甚瞭解，就如同瞎子摸象一般，著墨「靈修」二字的雛形，極端的掙扎與矛盾一直存於心中。掙扎的是，我已經知道元神的存在，要叫我如何視而不見；矛盾的是，如要繼續往前邁進，卻是前途未卜讓人徬徨。

有數年的時間，我選擇以靜觀其變來面對發生在自己身上的一切異象，畢竟徬徨並沒有辦法解決問題。除此之外，當下我還能做的，就只有將這些親身經歷一股腦兒發表在網路上，被動地等待有緣人的解答。然而，結果總是令人失望，大部分網友的答案充滿了玄疑、神祕和濃厚的宗教色彩，不僅無法解決心中的那團疑惑，反而令我更加恐懼與不安。

一般在宮壇中的靈修人，若不是將靈修與辦事畫上等號，就是與仙佛轉世牽扯上關係，實在令我忍不住覺得「好笑」——年紀才二十初頭，遇到人生各種問題尚需仰賴人指點迷津，我非常清楚自己到底有幾兩重，眼前的靈修問題就已夠令我心旌搖惑了，又有何能耐濟世渡人？多年以後，閱讀到南懷瑾先生著作《如何修證佛法》中的一段話，終於使我在這條靈修路上尋找到依靠，明瞭到這個世間真正能解決我問題的人，其實就是自己：「『普通我們講修證的三部曲是見、修、行。』要見道須有般若大智慧。見道是大智慧、大福報。真正的大福德也是大智慧，有大智慧的人是大福德。智慧沒有開發是因為福德不夠。大智慧福德如何來？是『行』來的。所以見、修、行是三位一體，缺一不可。」這段話使我真正瞭解「善緣」的重要性，承如我在本書中提到的，我因為幫助朋友冠群的二姊圓了她多年想瞭解自己與往生母親今生緣分的願望，而有緣分經由她的介紹認識了一位錢大哥，開啟靈修路上的另一階段課程。

在人生旅途中，我們都可能在感情、工作、學業、家庭等方面感到徬徨、失措或執著，但那又如何？就是因為有如此精彩的片刻及過程，才能讓我們在日後回首時，享受那分外人無法體會的滋味，因為這一切皆是我們每一個人來到人世間擁有獨一無二的人生拼圖。在這本書中，每一章節都可以單獨被拆解閱讀，就如同一部電影、一本小說，任何一篇都只是我心路歷程的放大化，書中每一章、每一段，都是我在三十三歲前人生腳本中最真實的呈現。啟靈後，我任職於各行各業中，從歌仔戲演員、美療師、文案企劃，甚至還成為王品的企劃主任，這一路走來，或許皆與靈修沒有絕對關係，卻在無形中種下了一顆種子，在我日後的靈修路上萌芽。

靈修與生活修，看似是兩種完全不同的世界，但是冥冥之中其實存在著某種關係——靈修、生活都是最好的修行旅程，《壇經》云：「佛法在世間，不離世間覺。」真正的修行者應不受「名相」的影響，將在宗教中所領會的智慧、精神融入生活，在紅塵中以修行精神面對生活的種種磨鍊。靈修與生活提供了許多寶貴的經驗與心境，帶領我走向內在覺醒之路，所以，我從未思考過要捨棄任何一方。

我的生活環繞在創意、美學、設計等思考模式中，這些事物既抽象又現實，常常看不到也摸不著。職場的訓練，讓我學會用一顆敏銳的心察覺它們的存在，也逐漸懂得將這些存在生活中的微細分子有系統地組織起來，運用於現實之中。之後，我開始接觸塔羅牌占卜等神祕學，從那一刻起，我的修行觀便不再侷限於靈修當中，而是把自己當成一塊海綿，大量地吸收東方佛教、瑜伽，以及西方靈氣、水晶、奇蹟課程等身心靈領域相關知識。

最後，我逐漸領悟到，所有我扮演的角色，都是在協助自己提升內在的能量與覺醒。我把行銷企劃職場裡面對人事物的態度和觀念運用在宗教及身心靈領域中，於是，原本存在於飄渺虛空中的智慧，逐一地落實在現實生活中。有了這樣的領悟，我再也無法將它們區隔開來，也瞭解該如何從中擷取幫助心靈成長的方法。

以理性的邏輯思考感性的靈修世界，從感性的靈修世界探索充滿理性的紅塵生活，我將這些心路歷程視為淬鍊內在能量的鍊金術。

《我在人間與靈界對話》的出版，並不在於鼓勵每一個人以靈修為修行方式，亦不是倡導鬼神之存在與否，而是希望透過本書讓更多人以不同的角度看待靈界存在的意義，並提供正在靈修路上的朋友一個觀念：**不管你在靈修路上或者在生活中遇到了多少無法解決的問題，都可以暫時把它放下。**這幾年靈修之路帶給我的最大體悟是：「任何通往答案的道途只會是短暫關閉，但只要你願意傾聽自己及身邊的每一個聲音，用心體驗生活、觀察內心的自我，你會發現，它們所給予的訊息會是如此源源不絕。」在這段尋找自己和結善緣的過程當中，我們會慢慢發現，許多人、事會因「心念」而匯聚。

我相信，當我們出自真心、發自善念去做一件事或幫助一個人時，就是往靈修的路踏出一步，同時也向今生所要完成的功課前進一大步。或許我們這步是慢了些，也可能沒有古代聖賢的大智慧，能在當下解決全部的問題，我們可能也無法像佛陀那樣擁有不可計量的福報，可以在二千五百年前身為一國尊貴王子時就看透世間的一切而悟道成佛，但是，只要我們在靈修的路上保持一顆不偏頗的心，並無時無刻檢視自己內在的心念，就算短時間找不到所要的答案，但那也只是暫時的而已。

最後，送給走在靈修路上的朋友一段話：「恐懼來自於對未來的未知，只要相信發生在自己身上的一切都是最好的安排，便將不再恐懼未來的一切。」

二〇一〇年八月十八日　台中

# 第一篇 人間

## 靈修男的奇幻旅程

靈修是一門跨越宗教與生活、從潛意識至顯意識、從靈至我的一種新興生活修。或許靈動、天語、天文的存在神秘又難以窺得全貌，一旦你學習以「本我」角度來看待這一切，就會發現，原來它最終仍要回歸到最基本的生活。

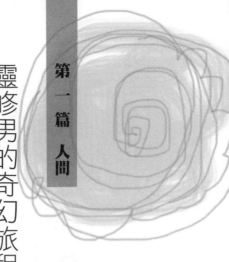

# 水鬼特別愛我，是因為元神和水太有緣

元神可分為後天與先天，帶先天元神者，小時候所展現出來的天性及其常態性的遭遇，與元神之間有七十％以上的關係，細心留意從小到大的經歷、習性、愛好等，便能觀察出自己的元神……

每一位通靈人，小時候或多或少都會有一些與鬼神交流的精彩故事，比方說母親懷孕前看見彩虹、夢見觀世音菩薩、生產時聞到陣陣檀香，或者，曾親眼看過神佛顯現在眼前。針對這點，我還真的詢問過老媽。

老媽說：「你哥有，出生時是臍帶繞脖子[1]。」

老哥從小就是陰陽眼，但他個性寡言，只有在興致來時才會跟家人分享一些見鬼的遭遇。那我呢？老媽連思考都不用便回我說：「沒有。」

orz……原來我還真是平凡人，老媽又補上一句：「你九個月就會走路了，這應該算很神奇吧！」

[1] 古人將嬰兒出生時臍帶繞脖子的現象稱為「佛珠繞頸」，並認為這孩子註定會好命。

## 水鬼愛我？

才九個月大，但我不僅能跑，還是個過動兒，所以從我會走路那天起，老媽的災難就開始了。一日，老媽趁哄我睡午覺時也打了個盹，醒來卻發現小孩不見了，房間只留下被刀片割得殘破不堪、棉花四處飄散的枕頭，四周還留下幾滴血跡。原本意識昏沉的她一看到血跡，瞌睡蟲全跑光了，趕緊衝出去找小孩，遠遠就瞧見右手拿刀片、左手淌著血的我，沒穿褲子露出小雞雞在庭園裡來回奔跑。看見老媽跑過來，我還以為她在和我玩，更加拚命向前衝。她事後怎麼想都想不透，一個九個月大的孩子到底是怎麼從抽屜把刀片拿出來的？

再大一點，也才大幾個月！那時我們還住在台中縣大社附近的鄉下，住家附近有一條大排水溝，當時那條大排水溝是小孩玩耍和大人們洗衣服的地方。那日，一歲多的我又趁老媽睡午覺時一個人跑出了家門。老媽睡醒後，發現孩子又不見了（枕頭這次可是完好如初的喔），心急如焚地衝出門找小孩，問遍了左鄰右舍，就是沒有人看見我。這下子，可真快把她給活活急死了！就在此時，有一位大嬸路過，熱心地告訴老媽，說她前不久好像有看見一個小孩往大水溝方向走去。

聽到這個消息，老媽差點暈倒，因為那條大水溝已經淹死了不少附近的小孩子，她連忙往大排水溝的方向跑。果不其然，她一到現場，便看到個子矮小的我全身浸泡在水裡面，只冒出一個頭，而且我還一直往大排水溝的中間走過去——水已經淹到了脖子！老媽後來在回憶這件事時還心有餘悸，只要她再貪睡一分鐘或沒有遇見大貴人（那位大嬸），我就和世間說Bye Bye了。我小時候這麼皮，也是老媽、老爸不敢再生第三胎的原因，他們擔心如果再生出像我這般的弟弟或妹妹，就算有兩顆心臟也負荷不了。

差點慘遭「滅頂」的事件還不只這一樁，約莫是我小學二年級時，每逢週日，老爸就會帶我和老哥回山上的爺爺奶奶家。在去爺爺家的路上，會在山腰處先經過一條淺淺的溪水，每到假日就會有許多人攜家帶眷在那裡烤肉玩水。溪水水位很淺，大約只到大人的腳踝左右，一般人都不會覺得有什麼危險，但這就是它的可怕之處：這條溪水已奪走不少小孩的生命，原因是這條溪會在一個山壁下轉折，轉折處正是一個直徑約二公尺、類似蓄水槽深不見底的天然水窪。我們從未到這裡玩過，但這次老爸竟在回程時帶我們到溪邊玩水。

淺淺的水位讓人沒有防備心，所以我沒有警覺地走到水窪處玩水，結果一個不留神就整個人順著水窪邊往水底滑了下去。我不斷向下沉，抬頭張眼便看見岸邊離我逐漸遠去，依稀還能看到岸上的老爸、老哥急著四處找東西拉我起來。我低下頭，看到水窪四周布滿慘綠色青苔，石頭摸起來黑黑滑滑的，但年紀還小的我不知道害怕，只是任由身體不斷向下沉，一直沉一直沉，突然一聲撲咚傳來，我抬頭一看，老爸拉著另一位遊客跳下水要救我。

這時，奇妙的事情發生了，原本一直下沉的我竟然停在水中間不動了，我腳下明明踩不到任何東西，怎麼就停住不再向下沉了？我忘了自己是否有憋氣，也忘了時間過了多久，連最後是如何被老爸從水底撈起來都忘了！

回家後，知道事情經過的老媽嚇得差點昏倒，鄰居阿婆還叫她準備簡單的香和金紙去拜拜收魂——住在附近的居民都知道那個看似不深的水窪淹死過不少小孩子，晚上沒有人敢經過那個水窪，居民還把水窪取了一個與鬼有關係的別名。最後，我只記得老媽帶我去算米卦收驚時，老師父說：「妳兒子命中犯水，一生中千萬不能接觸溪水，否則會有生命危險。」

## 觸怒水神，惹禍上身

那位算米卦的老師父還真的說中了，我一生特別容易與水犯沖，但不怕死的我，上了高中再次因為水而到鬼門關前走一遭。我高中就讀埔里一所綜合高中（已更名為暨南大學附屬中學），埔里真是個好山好水的地方，只要到了假日，一群沒有回家的外地同學，就常會約當地的同學一同去埔里山區遊玩。在埔里隱密的山區裡，有座彩虹瀑布（因幾場大颱風和九二一地震目前已不復存），一般外地遊客鮮少知道有這座瀑布存在。

某個假日，我與同學約十餘人一起出遊到彩虹瀑布，活動沒多久，大夥兒就開始各忙各的，烤肉的烤肉、玩水的玩水。愛玩水的我怎麼可能放過這個大好機會，早在別人還在烤肉時，我就已經跳下水去了。

游了一會兒，也應該要上岸休息了，沒想到的是，我明明是往岸邊游去，卻無論怎麼奮力游都還在原地！眼看水面高度已經淹到下巴，我卻連喊救命的力氣都沒有。遠遠地，一位女同學往我這邊瞄了一眼，以為我還在玩水，臉又轉了過去。天啊，她是我的一線生機啊！我只能努力不讓自己被後方瀑布下沖所造成的逆水流向後拉去。幸運的是，她再度轉過頭來，終於發現人怎麼還在原地，我使出僅剩的微薄力氣，努力讓身體再往前一點點，把嘴巴抬出水面求救：「快過……來，我快沉下……去了。」待她一靠近，我連忙雙手向前用力拉住她。

事後，這位女同學告訴我，一開始她以為我是在玩水，因為我其實離岸邊很近，加上她看到我的頭還在水面上，所以只是有點疑惑為什麼過了那麼久我還不上岸，並不知道其實我已經快溺斃了。

這趟旅程回去後，十餘個同學裡有七、八個上吐下瀉，還有人連續發燒不退，打針吃藥都沒有效。我是當中最嚴重的一個，躺在床上完全沒有意識，後來同學帶我去收驚，收驚阿伯說，這是因為同學在山裡大聲喧鬧、侵犯到當地的水神所造成。奇的是，收了驚過後，我竟然真的就這樣不藥而癒了！

## 觀音瀑布上的一座墳墓

還有一件與水犯沖的事件也是發生在高中時期。某個假日的午後，我和室友兩人相約到埔里的觀音瀑布玩。之所以叫「觀音瀑布」，據當地人說，是因為瀑布流下來的石面，很像一尊站立的觀世音菩薩，但我多次實地觀察下來，實在看不出來哪裡像觀世音菩薩，應該是後人天馬行空下唬爛的結果吧！

當我倆抵達觀音瀑布時，已是下午一點多，瀑布底下的遊客非常多。戲水了一陣子，開始感覺有點無聊，我又不怕死地開始亂想：「瀑布，瀑布的水是從山頂上淺流下來，那麼水源長什麼樣？」我抬頭看了一眼觀音瀑布，發現瀑布旁邊有一條可攀爬的小徑。不用說，從小對什麼事都好奇的我，沒什麼猶豫的——爬。

我和室友愈往上爬，人潮聲就感覺愈來愈遠，再往前走，只見竹林布滿山頭擋住了去路。上山是為了找瀑布的源頭，假使方向沒有錯，應往左邊走過去才會是觀音瀑布的方向，但此時已是下午三、四點，原本高掛正中間的太陽早已西偏，四周一片昏暗，我們倆你看我、我看你，拿不定主意是要繼續往下找出路，還是照原路回去？最後，我們決定繼續往下找路去。

又過了一陣子，原本還依稀可見的太陽餘光，變得只剩下一丁點大的光暈了。此時，室友突然提出一個很妙的主意，山是垂直的，只要我們垂直走下山壁，不按原山路走，應該很快就能回到平地（其實這是笨方法，大家千萬不能學）！我們真的這樣做了，一直往下滑，邊滑邊跌，整條腿都流血了……，最後咚的一聲，掉在一條只有一個人寬的小路上！

我們倆趴在山壁前，身後就是垂直的斷層，掉下去沒有死也半條命！從上山到前一刻都不曾感到害怕，現在卻開始意識到有生命危險，趴在山壁前一動也不敢動。我左右看了看，赫然發現腳邊有拜拜用的線香包裝袋，再往旁邊一看——天啊！山壁前是垂直的山崖，一座墓碑就直挺挺地聳立在我的旁邊！怎麼會這樣？

室友嚇得不敢出聲，我則呆若木雞地瞠視著墳墓，久久無法回神，直到室友拉了拉我的手，才回神過來。他比了比右邊，我們就緊貼著山壁沿著僅一步寬的小路慢慢地往右邊移動。走著走著，終於看到一些可以攀捉的樹枝，我們連忙往上爬了上去，沒多久，就回到掉下山之前的那條路上了。不過，很快的我們倆就又發現，要鬆一口氣還太早，因為我們在山上一直繞一直繞，幾乎是用跑的，還是找不到出路，此時太陽幾乎已經完全下山了，所幸，在山頭那一絲絲的黃光消失之前，一個上山前就掛在樹上的紅色塑膠袋映入眼簾，我和室友欣喜若狂，我們終於走回原來上山的小徑了！

不少同學在事後聽我描述這段驚險遭遇時，都伸長舌頭告訴我：「上面已經死了不少人，你們還敢上去！」原來，觀音瀑布是有名的自殺勝地——有不少人都會選在美麗的景點自殺，而觀音瀑布高達五層樓左右，是許多人的第一選擇。

故事背後

## 性格決定命運

有人說，小時候的個性奠定一生的命運，其實還真有幾分可信度。童年的我雖然特別調皮，但與其他通靈人小時候便充滿鬼神之說的背景相比，卻平凡許多。雖然如此，幸運的我總是能在命危之際逢凶化吉、化險為夷，這是巧合，還是冥冥之中有所註定呢？

我那好奇的天性，在長大後也絲毫沒有減少。對事物充滿好奇心的人，更勇於探索外界一切的事物，也較能跳脫傳統世俗的觀點去思考、發掘看似理所當然之事。或許，小時候的個性真的影響了我未來一生的靈修路……

# 我沒有卡到陰，只是啟靈了

自我啟靈的地點不受限任何時間、空間，在廿一世紀，宮壇、住家、公園等都有可能發生。凡是機緣到來，便能在無外力協助之下自我啟靈。

二十二歲那年，我在台中某家醫院附屬的美容醫療任職（以下皆簡稱美療），這家駐立在南台中的區域型醫院，成立時間不到三年，以中型區域型醫療體系來說，算是一家新醫院。

## 醫院的鬼故事

話雖如此，最常在醫院裡流傳的鬼故事，卻早已經繪聲繪影地從護理前輩們口中，加油添醋地「交接」到我們這群新人耳裡。最早聽說部門樓層有鬼在走動的，是阿靜在打掃環境時遇到的靈異事件……

一般醫院的建構大多是「迴廊」式設計，繞著走廊走一圈一定可以走到原點，這家醫院在創立時期並未設想到會有美療單位入駐，所以我們單位與其他樓層的設計一模一樣。

不像一般醫療單位的樓層，二十四小時都有病人、病人家屬或值班醫護人員在，走廊一定都是燈火通明，美療樓層在晚上八點半過後通常都是不見一個人影的，畢竟一般人很少會那麼晚來做美容治療，為了節省成本和資源，美療樓層的後面迴廊一般都會關燈，僅留下前方美療服務櫃台的電燈。後方無人使用的迴廊，只有安全警示燈透露著幽幽的綠光，任何人都會感到陰森詭異，不巧的是，部門打掃用具就放在後方迴廊的隱藏式工具間中。

或許是受到鬼故事的影響，每一次要去後方拿打掃用具，有些女同仁一定要攜伴而行，彼此壯膽，但那一次，阿靜是自己一個人去拿打掃工具的。

她在幽暗的工具間中摸黑尋找她所要的清潔工具，正要轉身時，一個人影從她後方輕輕地走過，她心想：「咦？應該是其他同仁吧！」於是她喊了喊另一位女性同仁芳芳的名字，結果沒有人應聲。她再喊一次，這次芳芳終於應了聲，但阿靜卻丟下手上打掃的工具，奪門而出——因為芳芳是從迴廊的另一端回話的。她一陣毛骨悚然，「剛剛那個人影明明就在後面，但聲音怎麼會是從迴廊的另一頭傳來，她怎麼可能在剎那間從這頭跑到那頭，按照常理是不太可能的，但如果不是她，那……又是誰？」

醫院其實不樂見鬼怪之說的流傳，所以，阿靜並沒有四處張揚這個恐怖體驗，是一次大家閒得發慌，私下聊一些靈異八卦時才舊事重提——沒想到原來不單只有阿靜「看到」那個人影！

芳芳從醫院體系轉來美療單位前，主要是負責行政管理工作，對於醫院流傳的鬼故事早就心知肚明，因為不想嚇到新進同仁才絕口不提。直到大家混熟之後，她才告訴我們這些鬼故事。

醫院的鬼故事其實一直圍繞在某一個男性靈體身上，據說是個光頭男鬼，它的出現始終是個謎。有人說是在蓋這棟大樓時，不知是風水還是施工過程出現問題，一位工人在鷹架上不小心墜樓而亡，後來，有幾個值夜班的護士巡房時，看到病房內玻璃窗反射出一個倒影——一個從未見過的光頭男生從走廊走過，穿著既不像病人也不是家屬，馬上回頭，靜靜的走廊沒有任何人影……

聽完阿靜說完那晚的恐怖經驗，芳芳判斷可能是在醫院出現過好幾次的光頭男性靈體。

「沒有超渡嗎？」這是我們的疑問。

芳芳表示，那位工人墜樓時有舉辦過超渡法會，但似乎效果不彰，醫院開幕後仍有家屬、病人和護理人員看過那位光頭男性的出現，不過因為它並未做出任何令人感到不安的行為，院方也就沒有做太大動作來解決。

不知是否心理因素作祟，阿靜自從那晚「看到」人影在她背後走動後，精神狀況便不太好，甚至會莫名地哭泣，於是芳芳便帶她去院長夫婦常去的一間鳥日媽祖廟收驚問事，而我在日後也與這間廟宇有一段因緣。

## 天啊！我的身體自己動起來了！

同年秋天的一個晚上，公司只剩我一個人留守。整理完一整天的現金入帳和客戶資料後，距離十點下班剩下不到一個小時，我盯著電腦螢幕，無聊地等著下班。此時，一個莫名的念頭從我腦袋一閃而過：「如果我在這時候放鬆身體，會怎麼樣？」這個想法來得非常奇怪，放鬆身體不就是靜靜坐著嗎？還能如何？然而，那晚我就是感受到一股莫名的「能量」要我靜靜坐著。

於是我閉上眼，慢慢靜下心來，才過了幾秒，竟逐漸感受到一股「能量」在體內竄動，整個人因而不自主地前後輕輕晃動，就好像是坐在船上輕盪於湖泊之中那般。我不清楚發生了什麼事，是神明附身？還是鬼魂借體？我想應該都不是，因為當時我可以操控是否讓身體繼續「動」下去，若是神明或鬼魂附身，意識應該不會這麼清楚。

接著，不可思議的事情發生了！原本只是輕晃的身子，頭、手、腳、身體竟開始完全不受控制地晃動了起來。當我身體、意念愈是放鬆，身體的晃動力量就愈大，好像要把全身硬生生地拆散似的。我感受到心臟因此劇烈而快速地跳動，體內血液也因能量帶動向四肢末節處竄動。

我連忙調息呼吸，在心中不斷默念：「慢慢來……慢慢來……」原本大力擺動的頭、胸、腰、腿，終於漸漸地跟著我的心念緩和了下來。

醫院迴廊極為幽靜，唯一的聲響，是我心臟的跳動聲和急促的呼吸聲。我心潮澎湃，是種興奮中夾雜著一絲絲古怪的滋味，畢竟我短短不到十多分鐘內便感受到從未體驗過的奇妙經歷。此時，體內那股能量雖隨著意念緩和下來，但仍可明顯感受到身體輕鬆地在晃動。我不怕死地又想：「假使把意念放在不舒服的地方，又會有什麼狀況？」當意念一轉到肩膀時，雙肩竟然自己前後動了起來，脖子也配合著肩膀跟著左右擺動。「它好像會隨我意識動耶！」我又再度將意識轉移至腰部，狀況與肩膀相同，這個發現讓我感到驚奇。

回到家後，我將這整件事告訴了一位在玄學領域上略有涉獵的網友，緊張地確認自己是不是走火入魔。不諱言，從小我便對於神怪、玄祕、靈異之說感到好奇，但也不想因此變成精神異常的瘋子。他告訴我這是體內本靈靈動的現象，毋須如此害怕，最要緊的是要學習控制自己，別讓靈動現象影響到肉體行為及生活。我那追根究柢的個性對如此簡要的答案並不滿意，雖然對相關知識不甚瞭解，但直覺告訴我，事情並不像他所說的那樣簡單。

假設此為本靈靈動現象，何謂本靈？何謂靈動？為什麼我會靈動？為什麼本靈會存在我體內？它與我們所知的靈魂有什麼差異？本靈的出現又有什麼意義？一連串的疑問如浪潮般襲捲而來，再加上這次靈動的奇妙體驗，我十分地想再進一步瞭解「本靈」。

我上網搜尋「靈動、本靈」這些關鍵字，但各家說法分歧，像是本靈被喚醒、體內氣體太強、已達到通靈境界等等。我甚至將自己的經歷放到網路上，期待有緣人會回覆。一些網友說我或許已經具有通靈的能力了；我對通靈不甚瞭解，但也不至於愚昧到認同這種說法，「我除了靈動之外什麼也不會，何來通靈之說？」另一方面，專研佛教思想的網友則建議我不要將心思放在這裡，以免走火入魔；也有人以氣功角度表示，是體內的氣行走岔導致。

眾說紛紜，莫衷一是，讓我內心矛盾又徬徨，既無法認同他人的說法，又無法自我解釋發生在身上的異象，原本的好奇心與興奮感漸漸地轉為對未知的恐懼，幾乎要被吞噬。當時對宗教涉獵不深，我就像一隻無頭蒼蠅般亂闖，愈搞愈混亂。

## 求助烏日媽祖，原來是女靈沖煞？

無預警地觸發靈動後的幾天，身心狀況尚算正常，正常上下班、和朋友出去玩樂，不同的是，相較於以往，對香火鼎盛的廟宇及經文、咒語，我有了更明顯的感受。只要接觸到這些事物，便加速體內那股能量（靈動感）的運作，它們就好像觸媒那樣，總會在無形中觸發我體內的靈動力——有時候甚至連一個人在家中聆聽宗教性的靜心音樂，就會開始手舞足蹈、全身靈動起來。

我知道這啟動於內在的能量，並不會危害生命安全，卻始終無法瞭解它為何存在。

有一陣子，我甚至開始懼怕接觸跟宗教相關的事物，不再上廟宇拜拜、也不再持咒，只因擔心體內那股「能量」會因此爆發，雖然連日來的查詢讓我瞭解這種現象稱為「靈動」，而引發靈動之主因來自於先天靈（本靈），但我對它的存在意義還是百思不解。

為了不讓家人操煩，我選擇低調面對這未知的一切。生活中，我不知何人可以幫助我，便只好求助宮壇。在此之前，我並不接觸宮壇，雖然尊重道教、佛教存在的意義與價值，但我更喜歡以研究的心態來看待宗教議題。

在無計可施的情況下，我突然想起芳芳曾帶阿靜找過烏日一間媽祖廟，順利解決她遇到靈異事件後所產生的種種不適，所以便向芳芳提起這幾日發生的事和我遇到的難題，她也建議可以去尋求廟方的幫忙。

這間媽祖廟供奉的是較少人認識的媽祖，但從芳芳口中，得知祂有不少神蹟廣為流傳，一掃我對「宮廟騙財騙色」的負面印象。

烏日是台中縣一處非常偏遠的小鎮，二〇〇〇年尚未有高鐵入駐，大多數台灣人都不知道有這個地方。芳芳告知，那間宮廟雖在當地擁有高知名度，但因地處偏僻又在鄉間小道內，就算有地址，在無熟人帶路的情況下還是很難找到，於是她幫我聯絡了廟方並預約一個週五的晚上，但即使有芳芳帶路，我們還是花了兩個小時才找到這間位於稻海中央的媽祖廟。

尚未抵達之前，我以為這間媽祖廟的規模應是小型廟宇或家庭式宮壇。到達現場一看，著實令人感到震驚，這間媽祖廟不僅規模宏偉，廟宇大廳內的龍柱上所撰寫之詩句更是以金粉所繪製而成，香火之鼎盛不言而喻。

而我，站在民國三十三年即佇立在此、因種種事蹟成為當地耆老和居民精神信仰中心的媽祖廟前，也不禁樂觀地認為：或許發生在我身上的問題可以在媽祖身上獲得解答。

我在報到處先填寫問事者的基本資料，問事單上面只註明「問身體」，並未提及靈動之事，很天真地以為神明一定能明白我的問題。等待的過程中，我觀摩了一陣子媽祖辦事的方式。印象中，一般宮廟辦事的方式大都由宮中神明附身在乩童身上，但媽祖辦事採用的是所謂的「扶鸞」[1]，由兩個辦事人員一前一後抬著小型鸞轎，媽祖回答問題的方式，是利用鸞轎前頂的竹竿頭，在堆滿沙子的桌上寫字，這對我來說既新鮮又奇妙！寫在沙上的文字不像一般書寫體的中文、也不像書法字體，一時之間難以辨認。「為什麼在一旁的辦事人員（俗稱桌頭），可以瞭解那似鬼畫符的文字？」

輪到我時，一旁的桌頭先向媽祖稟明我的基本資料及欲詢問之事，接著那兩人抬的鸞轎便開始快速又精準地在沙盤上書寫，經辦事人員的翻譯內容是：我這陣子運勢屬於低潮，半夜在路上遇到女陰靈沖煞，只要祭改[2]一下即可。

[1] 扶鸞儀式通常需有正鸞、副鸞各一位，以及唱生、記錄各兩位參與，合稱「六部人員」。由鸞生揮動鸞轎寫下訊息，唱生再將訊息唱出，最後由記錄將訊息抄寫成文章。

[2] 祭改方式有許多種，一般以改年運為主，例如遇到與本身相沖之年，便會藉由祭改消除五鬼關、白虎關、喪門關、天狗關等不好的劫厄。另外，每年農曆年間至各廟宇所進行的安燈儀式，元辰燈、光明燈、平安燈、長壽燈等，也是另一種祭改。

雖然對這個回答有說不上來的疑惑和不解，但我並未直接表明，當時我對神明、宮壇、先天靈、靈界等都是一知半解，根本沒辦法思考太多，以為只要能辦事的神明即是萬能。之後，廟方拿了三至五包金紙，裡面包了幾根香腳（線香後端之處）和符咒，提醒我回去洗澡時，將金紙、符咒火化後的香灰，連同香根一同丟進浴缸洗澡便可。

雖然聽話地按照廟方的吩咐做，但我體內那股蠢蠢欲動的靈動感仍不時在生活上產生困擾，每當靜下心來或經過廟宇、喪家時，都能明顯感受到那股靈動感似乎要從體內竄出，而且隨著時間愈久愈嚴重，甚至騎機車時雙手都會因此不停震動。即使如此，我還是沒懷疑過媽祖的辦事能力。

原本我選擇低調處理，但紙永遠包不住火，事情發生後沒多久，還是被家人知道了，他們的反應並不出我意料之外——帶我去找神壇收驚問事。不過，我得到的答案還是一樣，狀況也仍然未獲得一絲改善。

雖然不清楚靈動的原因，但我心裡明白這絕非外靈干擾（俗稱靈擾或外靈附身）所致——我相信有外靈干擾的存在，只是那並非造成我靈動的主因。但若問我為什麼，我也說不出一個所以然……

故事背後

# 元神面貌連仙尊也難辨?!

想必大家看到關於烏日媽祖這段故事，心中不免產生一個疑問：為什麼遠近馳名、當地耆老口中護國護民的媽祖，會無法解決引發我靈動的問題呢？就媽祖所言，我身體不適是因一位女鬼外靈干擾，按常理，用媽祖降乩後所開的符咒香灰淨身後，問題應該可以獲得改善，但為何靈動的狀況都未能如預期般地解決？

這是一個值得深思的議題。

一般而言，遇到非自願性啟靈時，大部分人都會乞求宮壇廟宇的幫助，但所獲悉的答案也會因神明不同而有所差異。個中原因有很多，有時是因宮壇廟宇的主神能力良莠不齊：有些真是仙尊本靈降世辦事，但也有可能是一群孤魂野鬼掛羊頭賣狗肉，以正神之名行鬼魅之術……

然而，就算是仙尊本靈降世，有時也無法窺探出啟靈者的元神全貌。初啟靈時的先天靈就如同一面未磨乾淨的銅鏡（先天靈初貌），銅鏡上的灰塵即後天靈轉世千百劫的心性——貪嗔痴愛恨，主觀性的執著很難因轉世而淡忘，必須隨著每一世的修心而逐漸修圓。在後天靈心識未淨之時，那面銅鏡所呈現的是多元化的形態，一般外靈（不論仙佛或鬼魅魍魎）很難窺見其銅鏡，這也是靈修人去宮壇問神明時，每尊神明所言大多不盡相同的原因。

此外，大部分自我啟靈者屬於先天帶元神（並非每個人都是先天帶元神，有人是後天因緣所致），因元神靈胎不同於宮壇廟宇之神尊，一般宮壇掌辦事盤的神明很難透徹瞭解先天靈之原貌。我們台灣人所熟悉之神尊，以媽祖、三太子、濟公、關聖帝君、玄天上帝、五府千歲等為主，以上之神尊皆列居於「玉皇殿」；而帶先天帶元神者，其靈脈皆屬於遠古之神，例如五母系的瑤池金母、地母至尊、九天道母、驪山老母、準提佛母，無極殿的三清道祖——元始天尊（亦有人稱為盤古所化身）、靈寶天尊、道德天尊，另有較特殊之靈脈，來自於鴻鈞老祖（天父）、盤古老祖等等，因靈格層次不同，一般宮壇辦事神尊較無法探尋到先天靈之起源及其靈脈出處。

## 元神說話了，日語？韓語？不，是台語！

自我啟靈者，元神甦醒後容易講出令人出乎意料的事情，內容往往融合了過去世習性、今世潛意識和今世任務，初期很難分辨真假，只要保持冷靜就不會受影響，這段不穩定時期便會過去。無須在意元神剛甦醒時所講的每一句話，元神就是我們內在的顯現，平靜地審視自己的內心，就是面對元神最好的態度。

在情況尚未明朗的狀況下，不知不覺中也平順地過了四個月，經過這段期間的沉澱，我的心情較之前平緩許多，不再急躁地在網路上尋找答案，也沒有再透過朋友遍尋事件發生的主因。一切皆暫緩在「靈動」上，再無新進展。

那是十一月左右的一個寒流夜晚，除了我，全家皆已入睡。由於體內那股莫名的靈動感也較能自我控制，因此我恢復睡前念誦普門品、南無觀世音菩薩佛號和小靜坐的習慣。沒想到，才剛盤腿靜坐不到一分鐘，那股熟悉的靈動感又回來了！我仍保持靜坐盤腿姿勢，用盡力氣使靈動控制在上半身，結束後全身如同跑百米般疲倦，累得只想躺下休息。然而，才剛躺下不久，一直存在於四肢、胸口流竄的靈動感，竟然從胸口挪移到喉嚨、口，逐漸地往體外竄出，就好像一股龐大的氣體，鼓滿整個胸腔，直往嘴巴噴出。我的臉部肌肉開始不自覺地動了起來，最後，嘴巴「啪」的一聲：「ψΦξЛЖΩД」一連串聽不懂的語言就這樣劈哩啪啦地講了出來……。

## 中邪？附身？我到底怎麼了？

我完全楞住了！這是什麼樣的情況？這是什麼？那股能量怎麼會透過我的嘴講出一串連我自己都完全聽不懂的語言？我是不是中邪了？難道這就是所謂的外靈附身嗎？當下我無法判斷是鬼還是神，所以只能用外靈一詞來形容。

外頭冷颼颼的風吹打著窗戶，但是，眼下這個駭人的遭遇所造成的肉體冷顫遠遠勝過外面十度左右的低溫。我整個人目瞪口呆，著實是嚇到說不出話來！然而，我還來不及反應，體內那股能量又再次從嘴巴冒出來——「ψΦξЛЖΩД」劈哩啪啦一陣又一陣地透過我的聲帶講了出來。

天啊！這到底是怎一回事？我簡直嚇壞了，雖然我從來沒看過外星人，但這可能比親眼見到外星人還要可怕！

一連串的問號中混雜著恐懼、不安、駭人等複雜情緒，完完全全地塞爆了我的腦袋。此時，一陣冷風從窗戶的縫隙透進來，我開始不受控地發抖、發冷、直打哆嗦，搞不清楚到底是因為天氣寒冷，還是「它」的緣故。

「是不是顏面自律神經失調？對！應該是自律神經失調才會這樣！」我盡量用比較科學與合理的角度來解釋當下的狀況和安慰自己——只要好好睡一覺，也許明天起床後，什麼事也都沒有了。

於是，我在床上躺了下來，但依舊無法平靜。心愈靜，我反而愈能感受到盤旋於臉部和胸腔的那股能量，它不斷地牽引我的五官，似乎想要再動一次，我只能拚命壓抑。

此時，另一件不可思議的事情發生了！一股更強大的無形力量一把攬起我的腰，讓原本躺在床上的我挺直身子端坐起來，然後，那強大的力量再次從胸口湧向聲帶、嘴巴，五官又開始不受控制，雖然我極力克制，卻還是被逼得再度張開嘴巴：「ψφξЛЖΩД。」

我即刻起身衝向書桌，拿起平常念經時用的佛珠，希望能得到一絲絲安全感。我緊緊握住佛珠，強打鎮定，並深深地吸一口氣。「我該怎麼辦？我該怎麼辦？」握在手上的佛珠就如同溺水時所見的一塊小小浮板，讓我的緊張情緒獲得稍稍平緩。

不知不覺，時間已經過了十二點。「誰？誰？這時還有誰可以幫我？」我唯一能想到的就是高中女同學小蘋，她們家平時與台北縣某慈惠堂常有接觸，那間慈惠堂我也不陌生，早在一、二年前，我就曾找過堂主通靈問事過，那間慈惠堂主神為瑤池金母，每週都有固定的辦事時間。

我連忙用一雙顫抖的手，拿起電話撥給小蘋。電話那頭她的一聲「喂」，讓我的心瞬間就平靜多了。我簡述了方才所發生的一切過程，小蘋聽完之後，先是安撫我緊張的情緒、要我不要想太多，接著表示她們一家人剛好隔天要上台北那間慈惠堂問事，建議我可一同前往。

掛掉電話躺回床上，我已不像剛才如此不安。或許是男女有別，明明事情已經發展到如此地步，我仍想靜觀以待，嘴裡雖然答應小蘋明天要一同前往台北慈惠堂，內心卻告訴自己，「這一切可能都是自己想太多。」我暗自打算，假使明天一覺醒來無任何異狀，就把這一切當成一場突發狀況，也不必特地跑台北一趟。

隔天早上，我打電話向小蘋撒了一個謊，表示臨時有事無法與她一同北上至慈惠堂，除了認為這件事尚未嚴重到必須專程北上，也因為另一位高中女同學小魚曾告訴我，台中北屯區有一個主神為觀世音菩薩的師姑，對於處理這類的事似乎相當拿手。她的公公和丈夫只要遇到任何工作、生活上的疑難雜事，都會向這位師姑請益；身邊也有不少友人到她那處理過類似問題，皆獲得不錯的改善。師姑為人端正，收費隨喜，所言內容沒有太多光怪陸離之事，既然距離較近，我決定先找師姑詢求幫忙，如果真不行，再行北上也不遲。

不過，小魚與夫婿正為了籌劃自己開公司而忙得焦頭爛額，要等到星期六才能帶我至師姑的問事處，我心想，反正今天已是星期三，也不差這幾天，雖然事情看似嚴重，但還不至於影響到生命安危，便決定等至星期六。

## 我的元神竟然開口說台語

許多事情的發生總是出人意料之外，更恐怖的事情竟然就在當天的晚上發生了……

睡前，我反其道而行，不再強制地壓抑靈動，而是試著將全身放鬆，結果，一陣人間不曾聽過的語調果然再次出現：「ψφξЛЖΩД……」歷經了昨晚的初次體驗，這次我反而比較能以平靜心對待，不再那般恐懼。

我的表情因受強大內在能量的影響而變得特別用力與猙獰，那股能量所帶給我的情緒，就好似忍耐許久終於可以開口那般，不吐不快。

我選擇不做反抗，任憑它將一連串我有聽沒有懂的語言講完。我只是靜靜地躺著，將專注力集中於額頭——我不知道為什麼要這樣做，只是直覺這樣或許可以讓自己感受到它所要表達的情緒！

三至五分鐘後，它終於講完全部的話了，那股能量似乎費了相當大的勁，才能透過我的聲帶表達出所要傳遞的訊息，而我，也徹底地感到虛脫不已。這種既像日文又像韓語的語言，不管我如何努力也無從分辨出它的意思，我只能感受到它很想讓我知道它在講什麼。

思緒平靜下來之後，我嘗試將自己的意識對上它的頻率，透過心念告訴它說：「我很想知道你是誰，也很想跟你溝通，可是你所表達出來的語言（語調）我真的聽不懂，那麼我們又要怎麼溝通呢？你可以用我聽懂的語言跟我說話嗎？」

想不到這招真的見效了，「它」開始透過我的聲帶講了一連串——閩南語！竟是閩南語，雖然我很想知道它在說啥，卻怎麼也沒想過會是閩南語。我完全呆住了，興奮與驚訝之情交錯於心中，但好奇心顯然大於一切……

它是神？是鬼？還是魔？

「唉唷……我又不會害你，你在怕什麼啊！」它的聲音聽起來不像是用聲帶發音，而是透過氣（能量）在嘴巴間咬合而講出來的，它每次出來時，我的臉部表情總是既猙獰又用力。

「請問你是鬼還是神？」我的心臟快速跳著，在安靜的夜晚特別清楚。

「我不是鬼啦！你放心啦！」它激動地邊講邊帶動作，似乎有點生氣我將它與鬼界眾生相比擬。

「那你是哪一尊神啊?!」既然不是鬼魅就是神佛，總該有個名字吧！

「唉唷……跟你講名字，你難道就知道是誰嗎？」被它這樣一說，我頓時語塞。是啊，隨便翻開一本佛經，上面的佛尊名號就多到不行，何況未記載在上頭的神尊，更是多如繁星。

「那你是我的本靈嗎？」這段時日，我上網查詢了許多這方面的資料，透過一點一滴地拼湊，內在有一個聲音告訴我：我已啟靈！而它，或許就是我的本靈，問這句話只是想印證我心中的答案。

「本靈是什麼你知道嗎？這時候跟你講這些，你聽得懂嗎？」它的口氣有點不悅。

「你放心啦！我不會害你。」它不斷強調這句話，或許是感受到我內心那股不安。

我沒有繼續發言，一切突然沉寂了下來，窗外的月光斜斜射入我的房間，一時之間，冷峻的氣溫凍結住整個空間，耳際間只能聽見外頭冷風蕭蕭聲，當然還有我那撲咚撲咚的心跳聲。

此時，我感受到它原本強烈的意識正逐漸薄弱，深深地吸了一口氣，緩和剛才緊張的情緒後，我立刻打電話給小蘋。這是人類最深層的天性，遇到未知事物時，總是希望透過某一樣東西來消弭心中那份恐懼感。

「它又出來了，怎麼辦？」

「叫你上來台北你就不要！」從聽筒中可以聽出她的不悅。

「它這次不僅出來，而且還說台語。」對台灣人而言，國台語雙聲帶並不稀奇，但對我這個國中一畢業就到外地讀書、長年不在家裡而導致台語不靈光的小孩來說，為何它初喚醒之際會使用我最不熟悉的閩南語，倒是令人感到好奇與不解。

輕「啊！」一聲，小蘋也楞住了。

我將剛才的過程，一五一十地說給小蘋聽，邊講全身邊不停地顫動著，早已搞不清楚是靈動還是害怕到發抖了。這時，我突然發現，「它」好像想透過我的聲帶與小蘋對談。

「它……好像有話要講。」我將心中的想法轉達給小蘋知道，但她因為感到害怕而表示不想聽。

「你最好不要讓它出來，我會怕，我也還沒洗澡，而且我想上廁所……」她完全將它視為鬼魅看待了。

「我已經控制不住了，小蘋妳等一下，讓它出來講話好了。」我管不了小蘋的感受，一陣乾嘔與打嗝、上半身前後不停的擺動後，「你跟她講那麼多有什麼用，趕快去睡啦，甭跟她講了。」它的口氣充滿不耐。

「請問你是神還是鬼啊？」小蘋畢竟是常接觸這方面的人，所以問話時倒顯得頗為鎮定。

「我不是鬼啦！你放心，我不會害他。」這次它的口氣很平淡，聽起來並無不悅。它與我的關係好像是共存，它透過我的聲帶發聲，我既能控制它，也可以讓我的意識暫退一旁，讓它來「使用」我這個肉體。

小蘋問我是否可以判斷「它」是男生還是女生？

「我『感覺』應該是男的吧？」都是用我的聲帶來出聲，要如何分辨是男是女啊？

「靈是不分男女的啦，只有在人世間才有性別之分。」它聽完我的回答後，接下去講了這句話。

咦？這說法我倒是第一次聽到，原來靈是不分男女的，我一直以為神祇就如我們所見的神偶一樣，有分男、女，亦有年輕和老年之別。

「它說得對，靈體是不分男女的。」小蘋認同它的說法。

「很晚了啦，趕快去睡啦，你身體不好，還不快去睡！」它說話開始變得有點大聲，並且夾帶著不悅。我等著聽它與小蘋之間更深一層的對話，但它在意的似乎是我的身體，而非讓我更相信它。另一方面，小蘋因為希望趕快中斷和它的談話，也催促我上床睡覺，只是心裡害怕的我根本睡不著。

「你快去睡吧！我實在不知如何幫你啊！如果今天就去台北瑤池金母那邊，不就什麼事也沒有了嘛！」小蘋開始數落我的不是。

唉！這就叫千金難買早知道吧！

「對對對，你應該聽她的話，跟她上台北慈惠堂問母娘才對，你們今日向我詢問的種種問題，瑤池金母都會告訴你們，你們也會更深刻瞭解未知的一切。」這一席話又讓我產生另一種思辨，假設它是鬼，鬼有可能叫我去神壇問神明嗎？假使它是神，在我意識如此清楚的情況之下，神祇是不可能附在我身上的。

「那你是要教我靈修之事嗎？」

「你身體這麼糟，要如何走靈修啊？還是先養好身體比較重要，快去睡啦，不要再講了！」它的口氣聽起來似乎更生氣了，著實把我和小蘋嚇了一大跳，連忙乖乖收線休息去。

那晚，就在這樣的情況下草草結束了！隔天我聯絡了小魚，將昨天發生的事情原原本本告訴她，她覺得這件事不能再拖，便約好星期五找師姑幫忙。

故事背後

# 啟靈不可怕，明心就能見性

每一個人啟靈初期的狀況，會因先天因緣與後天心念而有所差異，先天因緣是指在累世萬劫中所種下的心念產生的行為、意念和觀念，並與許許多多不可數盡的人、事、物相遇相處，所累積下來的業力與因緣。此外，又因每一位靈修者的先天靈（以下稱之為元神）脈源皆不盡相同，當元神於今世結合了後天靈累世因緣，便會在今世靈修路上產生不同的衍變。有人元神修練較高（俗稱靈格），在今世啟靈時便容易輕易地開啟靈語、靈動，雖不需要學習，但由於仍然牽涉到因緣兩字，甚至有人在啟靈後就能快速接收訊息。

啟靈現象，可區分為外力啟靈與自我啟靈兩種，外力啟靈一般皆屬自願性至宮壇修練，故許多的儀軌與現象皆有前輩帶領。就末學觀察，除自發功之外，能夠透過種種因緣聚集自我啟靈者，大部分是屬於帶有先天靈的朋友，從這裡可觀察到，啟靈本身並沒有固定的依循模式，是因為因緣契機不同而有所差異。

每一件事情的發生，背後其實都隱藏著許多難以窺探的智慧。從小蘋與它的對談中，令我對於靈、靈界有更多的思考空間。例如「靈無男女之分」，性別是一個名詞，所謂的「名詞」，皆是後天色身的分別所衍生出來的產物，靈界的仙佛或眾靈等所要傳遞的是更廣寬的智慧，日常生活中雖得用我們創造的名詞去解釋，卻不代事物的本質就是如此。話説回來，靈界無男女之分，也就不會有性別與種族的問題，大家都是平等的，所以提升靈性的第一步，就是要將婆娑世界中對於性別的觀念去除掉，你不是男性也不是女性——男與女都只是人世間的「假相」，脱掉這層假相，你才會發現原來眾生雖外表不同，但內在卻擁有相同的靈性。

對於「相」這件事，令我想到多年曾做過的夢。

半睡半醒之間，我夢見一個男生去找菩薩問問題。夢中，我站在那位男生的後面看著他，最前面是一尊菩薩，或許是菩薩身上的光芒太耀眼，使我看不清楚男生和菩薩的長相，依稀地只能説個感覺，他向菩薩問了什麼問題，我並不清楚，夢中亦未明確地告知，只記得菩薩突然示現一個大燈泡。

菩薩説：「張大眼睛看，看你能看到什麼？」

我看著那個大燈泡，心想：「這怎麼可能看到什麼東西？」雖然夢中的光不是很刺眼，但也只能看到一團一團的光而已。

那男生説：「菩薩，光太亮了，我什麼也看不到。」

菩薩使燈泡的光暗了下來，叫他再看一次，男生説：「我看到了，燈泡裡面是鎢絲。」

菩薩笑笑説：「光會讓我們無法看清事物的本質，每個燈泡的光都會呈現不同的顏色和亮度，但這只是表象。如果能穿透光看到燈泡的內在，你就會發現，其實每盞燈裡面的東西都是一樣的；這就好像一個人的性別、個性、身分、頭銜，都會影響我們對那個人的看法，但是只要將外在表象去除，我們就能看到其中的真相與真理了。人也是如此，人與人都具有相同的靈性，只因我們被外在的相所矇蔽，要試著擦亮自性才能看清一切的事物。」

這段話就這樣深深烙印在我的心中。夢醒了，但我還在半夢半醒中，一個直覺從我的腦袋中閃過：「明心見性。」明心不一定是指我們將心擦亮，換一個角度想，當我們能看透表象（明心）去審視外在的人、事、物或回審自心時，是不是也叫明心呢？

# 求神問卜SOS，每個人說的都不同

初啟靈後的種種異象，往往會讓人在不瞭解情況下就尋求宮壇處理。如果無法保持平靜的心，便會受到宮壇、通靈人的左右，元神初覺醒時外人很難看出其原貌，一切須待靈修者自己實修後，靠自己印證才能體悟其中的奧妙。

人的際遇非常奇妙，相隔不到幾日，我已經從一位平凡人變成了一位具有特殊體質的男人。其實，我自己也不是很清楚這次台北行的目的，是希望透過神明的訊息來印證「它」不是邪靈、妖魔呢？還是希望神明說我是帶有天命的人，應該出來濟世渡眾？

每一個人都希望在這社會上鶴立雞群，我不否認自己也有這種想法，但仔細想想，除了濟世渡眾這條「出路」之外，難道沒有其他選擇嗎？這突如其來的靈性力量又將帶領我往何處去？

## 向觀世音菩薩訴苦的元神

豔陽高照的週五，小魚特別向公司請了半天假陪我下台中，九彎八拐地找到這間位於台中市北屯區街道旁的宮壇。這裡的環境清靜，堂中供奉三尊超大的觀世音木雕神像，供桌上只有簡單的素果和香花，所在位置不像一般神壇設於小巷弄內，堂上也沒有擺滿大大小小的神像。整體環境乾淨整潔，簡樸的擺設讓我安心不少，在我們之前也已經有五、六個信徒先行預約了。

結果，等了近一小時才輪到我們，遞上一些簡單的基本資料，未等到我們開口，師姑便對我講了一些在事業上或身體方面要注意的事情，她自顧自地講了十多分鐘，小魚看我已經略顯分神，便直接向師姑說明來意。

師姑聽完後笑笑地表示靈動沒什麼，那裡的師兄姊也多具有靈動體質。

「不只靈動，到了晚上還會講一些我聽不懂的話。」有了上次到烏日問事的經驗，這次我要將事情說個明白。

「那你現在開口讓它講看看，看它要講什麼，你先閉上眼睛。」師姑試著引導我將後天意識退掉，轉換成它的意識。也許是過於緊張和不習慣他人的注目，雖然明顯地感受到胸口有一股想向上衝的能量，但我就是無法順利讓它出來，只能不斷地乾嘔，一股氣積壓在胸口，難受到我眼淚都流了下來，我撇過頭去，實在很想放棄。

師姑看我一直乾嘔卻不能讓它出來說話，於是右手比劃出劍指，用力直指我胸口：「開口、開口！」她不斷地比劃和戳我胸口令我更不舒服，原本可以靠自己慢慢轉換情緒、自如地轉換意識，在師姑比劃之下反而變得更困難。

如此瞎搞了幾分鐘後，大概是狀況沒有進一步的改善，師姑要我閉上眼睛站在她們的主神——觀世音菩薩神像前，我大約能感受到她拿著香，不停地在我身邊圍繞、比劃，口中搭配著我聽不懂的咒語。隨著她的咒語，我開始劇烈地抖動、雙手緊握著拳、全身不停地跳動。

師姑口中所持的咒語愈來愈快，我體內那股能量也愈感強烈，開始控制不住自己的肉體，好幾次都差點昏倒，還好旁邊有兩位師兄護著。根據小魚的說法，師姑開始持咒後不到一分鐘，我就已經臉色發白、嘴唇發紫。

眼看著時間一秒一秒過去，宮壇裡頭似乎瀰漫著一股低氣壓，此時師姑已經漸露疲態，而我則早就被劇烈的靈動、不斷地乾嘔折磨得快要昏厥過去。

師姑繼續拿香持咒，不過，這次還命令兩位師兄捶打我的前後胸（俗稱先後天八卦），並且叫另一位師姊拿香在我的面前持咒，「嘔……嘔嘔……」幾經前後大力的搖動之後，我身上的靈體用力地擺脫兩位師兄：「ψ Φ ς ㄇ Ж Ω Д……」它終於開口了！

它操著靈語[1]：「ψ Φ ς ㄇ Ж Ω Д……」不斷地向師姑訴說心中的苦悶，奇妙的是，師姑竟也用著與它類似的語調在對談，對話持續大約十分鐘後，漸漸地它愈講愈大聲、愈講愈氣憤，而且還大力地揮動著雙手。

師姑似乎不太懂它所說的內容，而且我也聽不懂她在講什麼。靈語不是靈與靈之間所使用的語言嗎？為何會出現今日這種狀況？我感覺得出來，師姑與它的對話其實是在雞同鴨講，而它似乎是在抱怨：「事情並不是如妳所說，妳並不懂我的意思。」

說著說著，它突然向前猛抓住師姑的雙手，兩隻腳像是要跪下來一樣，既無奈又無助地搖著頭，用懇求的口吻對師姑訴苦。

「好好好，我一定幫你，你把我手抓得很痛了。」師姑極力安撫著它的情緒，另一隻手則支開它（我）有力的雙手，他們倆的對話又持續了十多分鐘才終告結束。

接著，她請旁邊的師兄倒一杯水，並在杯內畫符、讓我喝下，待我情緒和身體比較鎮定後，才笑笑地問：「你們家是不是有人在外面意外身亡？」

[1] 啟靈後，元神透過人所講出來的語言，稱為靈語。一般來說，靈語無法翻成白話，網路上盛傳靈語翻白話須帶天命或領有辦事旨才可行，這是以訛傳訛、未經證實的說法。靈語無法翻白話，主因來自於後天意識尚無法與元神意識融合，只要透過實修將靈修者與元神意識合一，元神所傳遞的訊息就會轉換成我們所熟悉的語言了。

「嗯，是我爸爸，但他是自殺非意外，如果真要說是意外死亡，應是我小叔吧！」那年我十三歲，父系家族在短短不到兩年內連續死了三個人，除了我爸爸、二姑和大伯父之外，一年後小叔也因酒醉騎車撞上電線桿而死，她所說的在外頭意外身亡應該是指小叔吧！

「你身上的靈有兩個，剛剛出來講話的只有一個，可是另一個一直不願意開口。」師姑解釋剛才的情形。

「那現在怎麼辦？」在剛才的過程之中，願不願意說話的明明都是它，怎麼會變成有兩個靈體？當下的我完全無法理解。

「要祭拜，你家是不是沒有設祖先牌位，你也很少在拜祖先對吧？」

「我是真的沒有在拜，除了逢年過節會到靈骨塔祭拜我老爸。」

「這些在外面冤死的靈很可憐，魂沒有招回來。」師姑向我解釋。

「為什麼會找上我？如果是我老爸，那我還覺得沒什麼，可是小叔和我又不熟。」這麼多年來，我們家與親戚並不常來往。

「因為你有修，有在修的身體比較容易讓冤親或外靈找上，而且你體質較陰，不找你，要找誰啊？」這種說法我不太能接受。

「剛剛的情形你也看到了，那種痛苦的樣子，任何人看了都會感到不忍，如果不祭拜，他們還是會找你，輕微的會讓你身體和事業出問題，嚴重的話還會讓你發瘋！」師姑口氣加重了不少。

「那現在要怎麼拜啊？」這才是我所關心的。

「要迴向，將親人的魂叫出來，看看他們需要多少的功果才願意離開。只要將你爸爸和叔叔的名字向菩薩稟明，看看他們需念多少佛號才能渡化離開。」師姑如此回答。

我想了一會兒便告訴她：「我先回去和家人商量好了，去世的小叔名字我不清楚，要回去問才知道。」當時沒有立即答應，一則是這件事已非自己所能決定，而且也不知是否需要鉅額花費，到頭來勢必需要找家人商量，而且我確實不知道已往生的小叔名字。

出乎意料的是，老媽倒很乾脆地一口答應，她認為身體健康比什麼都重要，假使事情真的能解決，就暫且照師姑的方式去做，畢竟錢再賺就有了。

過了一個星期，我按師姑所交代的準備五種素果，並在現場購買一些往生蓮花，接著向觀世音菩薩擲筊，結果兩位往生親人加起來，共需要幫它們助念三十萬句的「南無地藏王菩薩」聖號。

本來以為這件事到此告一段落，想不到這條將伴隨我一生的「靈修路」才正式展開——果然如我所料，它還是繼續在我的身上，我依然無時無刻感受到它帶給我的那股靈動能量。

## 向瑤池金母求助

經過幾日沉澱，我不禁懷疑師姑對於整件事的解讀有誤，尤其是它與師姑用靈語對話過程中的反應，讓我覺得師姑並未瞭解它所說的每句話。

我將這個想法一一地與小蘋討論，她聽完後也有些納悶，但是一時之間也拿不定主意，只問我要不要上台北慈惠堂問看看瑤池金母。小蘋跟隨家人在那間慈惠堂服務多年，慈惠堂主事者——瑤池金母乩身師姨的辦事也頗得他們全家信任。後來我與小蘋約好在農曆年過後的十五日[2]一起上台北慈惠堂，看看在瑤池金母那邊又會有何種不同的看法。

可能是過年期間沒有辦事，累積了不少有需求者，那天慈惠堂[3]內的問事人潮與協助辦事的師兄姊比平時多了許多。平日問事，大部分都只有一位瑤池金母的乩身為民服務（俗稱師姨），因今日人潮特別多，故特別請了濟公的乩身至堂中幫忙。整間慈惠堂裡香煙裊裊，我一踏進堂裡，就不斷地感受到體內

2 在台灣專門為人處理事情的神壇中，不管廟宇規模大小或是否為私人擁有（有些是財團法人），一年裡會有兩個時段不辦事，一個是農曆七月（鬼月），另一個就是農曆過年期間，但也有例外，仍有不少宮壇在農曆七月替人辦事，而過完年後第一個十五日會舉辦酬謝天兵天將的儀式，俗稱犒軍，主要目地是在慰勞過去一年中天兵天將守護宮壇與傳達高靈訊息的辛苦。

3 慈惠堂的總堂設立在花蓮市，除了主神無極瑤池西王金母，還有玉皇大帝、儒道釋三教教主等。慈惠堂在台灣是個頗富盛名且擁有龐大信眾（有全台最多分堂之譽）的高知名度宗教組織。據非官方的統計，在台灣大大小小

那股強大的靈動力在竄動，我明白是香火及堂內的氣場牽動到我的靈動感。為了壓抑那股強大的靈動感，我的身心非常疲憊——它急欲從體內竄出，而我卻極力想壓制它，這是一種精神與肉體的拉鋸戰，彷彿一股能量壓在我的胸腔，幾乎快喘不過氣來，加上宮壇內的空氣不流通，使我更加疲倦。

此間慈惠堂在正式為信徒辦事之前，師姨（瑤池金母的乩身）會親自為信徒做過火的儀式，以去除身上不好的穢氣，如果當事人有需要注意之事，師姨也會再特別叮囑當事人。過火的方法是在門前由師姨拿著燒化的金紙繞當事者身上一圈，待繞完之後，她會將金紙丟入前方的小鐵盆內，接著請當事人從上面跳過，儀式便告結束。

在慈惠堂中，除了過火儀式之外，還有另一種儀式是祭改，祭改主要是針對當年是奇數歲[4]的人。祭改與過火通常是分開進行的，當時我的年紀是奇數歲，便被先安排到須祭改的過火隊伍中，等到第一批的民眾全部都過完火後，師姨便準備開始今日的辦事，而濟公乩身也已淨完身在一旁等候。我則忙著控制靈體不讓它出來，全身汗如雨下。因為當天人特別多，所以隊伍被安排成兩邊，若要祭改也要問事，就先請濟公祭改，再到瑤池金母那邊問事。沒多久，濟公靈體已上乩身，開始進行祭改，輪到我時，濟公看著我，露出令人不解的

---

的分堂已經多達四千多家。一九九三年，為台灣史上最大宗的軍購弊案關係人——尹清楓牽亡魂至陽間與父親會面的，就是花蓮石壁慈惠堂堂主林千代師姊。

4 在台灣民間的傳統說法中，農曆歲數如果剛好遇到是奇數歲，一整年中將會有比較多的問題發生，比方說車關、血光等等，例如知名的廣播及電視節目主持人陳京去世時是四十九歲（逝世於二〇〇三年），而香港藝人張國榮則是四十七歲（逝世於二〇〇三年）。

微笑，然後又搖搖頭。他站起來要我轉過身去，接著用他手上的扇柄在我身上點了幾下。他在我身上所點的每一處，都好像有一股電流透過扇柄灌入體內，一開始以為是錯覺，但是他都能點到我長久以來不舒服的地方，所以感覺更明顯，就好像是按到手肘後面的穴道，有一股輕微的電流通過一樣。

然而，不知是否因為此緣故，靈體想要出來的感覺更加明顯，已到快要不能控制的地步。我雙手不自主地開始拍打雙腿，腦袋開始恍忽——再繼續下去，就會無法控制，可能又會開始靈動。我害怕了起來，如果在這個地方靈動，會怎麼樣？幸好此時濟公在我身上的動作也結束了。

小蘋看我一臉蒼白，問我狀況如何，我苦笑地搖頭，已經沒有一絲力氣回答，那種累真的很難去形容。過了不久，便輪到我向瑤池金母問事。

## 疑惑重重

「你有什麼事？」皇媽先開口問。待瑤池金母的靈降至師姨身上時，信徒便改口稱師姨為皇媽。

被皇媽這麼一問，我愣了一下，這件事該從何說起呢？

「皇媽，他半夜都會靈動，還會講一些靈語，想問看看是怎麼一回事。」小蘋的姑姑在這間宮廟裡服務多年，由於我和小蘋都不太會問這方面的事，已經事先跟姑姑說好替我詢問皇媽。

「嗯，之前只是會靈動，可是前陣子半夜突然就不自主的講話了，想問看看是怎麼一回事。」我接著補充。

「你會靈動喔？」皇媽笑笑地問。

不待我回覆，皇媽便自行閉眼接訊息，過了一會兒開口道：「嗯，時間到了，你的本靈出來了，這是好事，沒關係的。」

「但之前有去一間拜觀音的地方問，那邊的師姑說是卡到去世親人。」

皇媽聽了馬上就打斷我的話：「你不要去聽那些五四三，皇媽不會騙你，說是本靈就是本靈，不是什麼卡到陰。」

「要出來就讓它出來，要講就讓它出來講，只要沒有防礙你正常的生活就好。如果真的不想讓它出來，就喝七口生水5。」

「你現在的靈不是很穩、也不是很漂亮，如果常出來並不是好事，所以還是要控制好不要讓它出來，如果要靈動，就讓它在胸口動6就好了。」皇媽邊說邊教我打勢。

5 沒煮過的水。

6 若將靈動感轉移至手上，元神便只會在手部打拳、靈動。

「靈要更漂亮、更穩重，以後才能接觸更高的神格，也不會像一般乩童一樣，什麼樣的高等或低等靈都可以隨便降身辦事，這樣講你懂不懂？」

我點點頭，實際上卻對瑤池金母所講的內容不是很關心，與一般人一樣，我所關心的是：我的本靈是什麼？靈格有多高？我與哪尊神明有緣？

「你知道那個要幹什麼！」皇媽口氣上揚了起來。

「只要是投胎到人世間的靈體，本身一定有什麼缺失，才會被貶到人間，都需要重修與磨鍊，就像這個慈惠堂的堂主一樣。」皇媽指指自己的乩身（那感覺很妙，明明是講別人，卻是指著自己），「講一句比較白的，本靈被貶到人世間還不是像垃圾一樣，你不要以為啟靈是一件不得了的事，至於其他的問題也通通都不是那麼重要，只有『修』才是最重要的。每個人身上都是有本靈的，只要時間到了，自然就會知道，但要注意的是，本靈其實還要讓他待在體內三年六個月才能出來，這樣它才會漂亮。」

「把衣服拉起來。」皇媽隨即拿起硃砂筆，準備在我胸口畫符。

「你身上怎麼戴那麼多護身符啊？是不是之前去拜觀音拿的？」皇媽皺起眉頭。

「嗯。」我點了點頭。

「這不夠力啦，我不是說觀世音不好，或是道行不夠，而是觀世音的護身符對你的幫助不大。」說完就拿起硃砂筆在我胸口畫符。

是心理作用嗎？還是皇媽靈駕真的帶有不同於凡人的能量，當硃砂筆一碰觸到我胸口時，全身就如同被一股電流竄流過，體內靈動感隨著皇媽的硃砂筆的筆畫而加強。小蘋的姑姑也在一旁附和：「皇媽的意思是時候到了，你的本靈已經出來了，以後有可能也讓本靈出來辦事。」

辦事？雖然當下我沒有馬上意會過來，然而想不到多年前的一句話，如今卻應驗了。

從台北慈惠堂回來後，我陸陸續續又去了幾次，但關於本靈之事，皇媽總是笑笑帶過，讓我有一點洩氣。我所想要的修行方式不只是燒香拜拜，我對它們無任何要求，對於靈通、天眼通等，亦無太大的興趣，我只想瞭解——

它來自於何處？

為何而來？

與我的因緣？

本靈與我之間的關係又為何？

一個酷熱的午後，我和小蘋又再度上台北請皇媽靈療靈體、詢問關於本靈之事，輪到我上前問事時，皇媽看了看我：「有什麼事嗎？」我每一次總是要向她再一次提及我本靈之事。一開始我不太懂，為何我已經來了好多次，但皇媽總是不記得我。小蘋告訴我，雖然辦事的是瑤池金母的靈體，但瑤池金母還是有許多分靈，以此間慈惠堂來說，除了鎮堂的瑤池金母之外（即本間慈惠堂的主神），尚有兩尊瑤池金母的分靈也會一同辦事。

皇媽聽完我的敘述後，沒有多說什麼，她要我揭起上衣，接著便拿起硃砂筆在我胸膛、額頭處畫起了符，不知是心理作用還是真有其能量，靈動感就真的會平靜許多。皇媽畫完符後問我：「想靈動嗎？」

我想了一下，還不曾在這麼多人面前靈動，一時之間我很難回答，皇媽看了看，又補上一句：「想靈動就動，不要想這麼多，靈動是一件很自在的事。」一聽到這句話，我點了點頭，她拉著我到門前的道路上，問我：「要不要我牽你動？」[7]

我搖了搖頭，自從確定「它」是本靈後，平時只要有空，我都會在家中讓它出來動，無須任何人引導或牽引。

她放心地讓我一個人在外面靈動，便又轉身進去堂裡辦事。我放鬆後天意識，體內靈動感瞬間竄往全身。

[7] 皇媽牽我的動作稱之為「牽靈」，由靈修前輩或是神明帶領之下，讓元神更加自在地靈動，亦可增強本身的靈動感。

## 我的拳腳功夫

靈動時的一切招勢、腳步手路等，我都是放空意識由它帶領我。初期靈動時，會出現較規律性的動作，比如搖頭甩手等，但此階段非常短暫，大約只有幾天的時間，之後我的靈動就是像打一套高深的拳法。

小學時我曾因為好奇而短暫學過跆拳道，但晉級到黃黑帶就沒有再練了。二十歲退伍後，因為興趣加入了野台歌仔戲班的行列，練了一些玩刀玩槍、翻滾跳動的身段。或許是因為這樣，我在靈動時手腳總顯得特別靈活，常常一小時之內就可打上好幾套未曾看過的拳法。在慈惠堂外面的靈動，靈動感更勝於平時在家操練的動作，不僅拳法力道充足，下盤移動時常有一種撼動力，一套拳法打下來，再配合上靈動時的吐納呼吸，常會讓我滿頭大汗。

我在靈動時，小蘋在旁邊一直陪著我，擔心我會不小心撞到東西。大約十多分鐘後，我稍作休息，這時在一旁觀看許久的老伯上前問我是否有在教授他人拳法，他的問話令我一頭霧水，我搖頭表示沒有。

他告訴我：「少年耶，我看過不少人在打拳法，但我從來不曾看過任何一位老師打的拳是如此有力道，甚至可以感覺到你的氣勢！」

傻傻地抓了抓頭，我並沒有苦修過任何拳法，只是平時靈動時常打的動作，老伯如此誇讚還真令我不知如何是好。

「尤其是你剛才移動身體時，每一腳踏地時的氣勢，我站在旁邊都覺得地在隱隱晃動，你真的不曾教過人嗎？」

我又搖了搖頭，結果他又問我此拳法叫什麼名字。這還真是考倒我了，這只是我放鬆後的靈動，何來的拳名啊？

還好，一旁的小蘋站出來幫我解圍，她告訴老伯這叫做「靈動」，靈動是一種先放鬆、再由體內氣（靈）帶動肉體的拳法，既沒有固定的形式，也沒有一定的名稱。

這次，換老伯感到困惑了，或許他從不曾聽過何謂靈動吧，在離去前，他對我講了一句話：「少年耶，你要好好練喔，你真的與眾不同。」

## 對「阿飄」愈來愈敏感

開始適應本靈的體質後，我也聽從了皇媽的意見，平時在家都會撥出一段時間出來靈動。引起靈動感的原因有很多，有時候是它想要表達某一件事，或是藉由運動調養身體的能量氣場，但有時則是因為感受到外來靈體的到來，才引起的靈動感。前一項我已經能完全地控制，但後者仍然在摸索當中，如果是好的靈體，觸動我本靈的靈動感是較好控制的。只是，不懷好意的靈體或氣場，諸如喪家、不乾淨的家宅或是久病在床的人，也都會觸動我體內的那股靈動力，卻不是那麼舒服。

一晚在睡前，人有點不太不舒服，胸口悶、頭脹痛，伴隨著靈動感還有一點打冷顫的現象。經驗法則暗示我此時有低等靈的干擾，原本躺在床上的我乾脆盤坐在床上，放鬆後天意識讓它出來靈動，待我一放鬆，我的雙手開始比劃起蓮花指和一些我不曾看過的招勢，很像是一種護身手印。伴隨著手部靈動，同時不自覺地說起了重複性頗高的靈語，那是一種靈語方面的咒語[8]！

在閉眼盤坐之中，有一個黑影模糊的出現在我的眼前，隱約間感應到是一個男性外靈，並且透露出令我感到極度不舒服、想要罵人的感覺。我用手一直向四周揮舞，頭也不自覺往身後轉去，但它卻一直向我逼近，我不曾如此明顯感受過外靈對我的干擾。

啟靈後，我深深體會到一個心得：「當你愈陷入其中時，你必然愈難脫離。」因此，只要遇到不乾淨的阿飄，我唯一的處理方式就是「脫離當下的情

8 靈語用途非常多，有時是向仙佛溝通，有時是一種咒語，會因應不同的需求自行轉換。靈語式咒語會以單音節方式呈現，仔細聆聽便能分辨其中的差異性。

境」，我深深吸了一口氣，睜眼下床，按照之前瑤池金母教我的方式，取一杯生水隔空在杯口寫下七次龍字，再一股作氣將那杯生水飲入。很神奇，原本不舒服的感覺隨著喝入口的生水逐漸地消失了，這是什麼道理我不太懂，這世間本就存在著許多科學無法印證之事。

一般人眼中的通靈人似乎能知天通地，隨時感應無形眾生的存在，如此異於常人的特質應會覺得自己特別與眾不同，但是到了今天，我才知根本不是這麼一回事！除了要應付生活中的柴米油鹽醬醋茶之外，還遇到一堆光怪陸離之事，心中的苦楚與無奈要向何人訴說？

## 與五府天君首次相遇

有了這一晚的經歷，我決定再上台北一趟請皇媽調整靈體。

台北慈惠堂除了有瑤池金母和濟公師父辦事，另外還有一位五府天君的乩身，在信徒眾多時亦會加入辦事的行列。隨著信徒逐漸日增，每每辦事結束時間總是會延後許久，瑤池金母便在堂裡尋找有緣的師兄姊訓體[9]，以培養日後當成辦事乩身一員，這就是所謂的「捉乩」。

[9] 靈修的訓體與乩童大不相同，早期成為一名正式的乩童，必須經過長期的閉關、茹素，讓肉體呈現最清純的狀況，才讓能外靈附體辦事。至於靈修的訓體，以一般宮壇的靈修說法，則是轉換為元神意識帶領後天靈靈動，元神與肉體融合度較高時，日後才能準確地接收到仙佛所給予的訊息。平時靈動即可算是訓體，只是延用早期宮壇訓練乩童的「訓體」名詞。

自初次來到慈惠堂起，我已經有七、八次處理靈體的經驗——平時也沒有特別需要詢問的事情，只希望透過祂們的幫忙能讓我的靈動感更沉穩一點。

這還是我第一次找五府天君調靈，在講述時，打嗝與乾嘔情況不自主地一直發作，五府天君（乩身）問我是否想要靈動了。我點了點頭，而五府天君也表示希望我能靈動，祂會協助我調整靈體能量。

雖然在慈惠堂已有過一次靈動經驗，但我仍不習慣在眾人面前靈動，五府天君不勉強我，僅表示：目前靈體仍屬稚氣，易受外界干擾，稍不注意就有可能被外靈佔身，祂這一說馬上令我想到前晚的狀況。五府天君特別提醒我，不要常去拜一般小廟，畢竟小廟的主神靈格較低，神像裡所入之神是否為正神也無從考證，擔心會有其他外靈佔體發生；祂也特別告誡我，目前市面上流行的靈山派教法亦不太適合我，日後如果有機會接觸的話最好要慎選。

靈山派教法？這是我頭一次聽到「靈山派」⑩這個名詞，我沒有細問何謂靈山派？又為何靈山派不適合我？反正我對靈修一事本來就沒興趣，要不是啟靈這件事發生在自己的身上，我根本不想靈修。對於五府天君的叮嚀，我也當作耳邊風，聽過就算，但古人說得好：「人千計萬算比不上天一劃。」想不到我後續的靈修旅程竟然與靈山派有劃不清的關係。

⑩起源自慈惠堂創立之時，西王瑤池金母降世後所傳承的一派修行方式。在東方早期修行方式應以正規佛、道、儒或密宗等為主，而在這所謂的末法時期中，瑤池金母慈悲顯化於花蓮慈惠堂降世後，便有了靈山派修行法門。靈山兩字可指靈山朝聖；會靈是指至全台各處仙山聖地，透過啟靈後本靈與仙佛靈性互動，達到喚醒本靈累世記憶並藉由直通瞭解仙佛的教悔。初踏入靈修法門的靈修者，神壇教法中有以下流程：

(1)啟靈、點靈。

(2)會靈、認主。

(3)會五母（五母——無極西王瑤池金母、無上虛空地母至尊、驪山老母、九天玄女娘娘、佛母準提菩薩）、天父、天母。

待五府天君為我處理好身體後，小蘋卻怪我：今日難得北上，而五府天君又親自開口要調我身體，為何要拒絕？在小蘋三催四請之下，我只好又再度重新排隊請祂幫我調整元神。

五府天君帶我到堂外，引導我再度靈動打拳，祂則在一旁指導我，雖然手法和瑤池金母、濟公師父類似，但是傳導到我身上的電流卻不及祂們兩位神尊強烈。

靈動完後，我問五府天君，目前的靈體狀況還算穩定嗎？

五府天君的回答卻著實嚇著了我：「尚算穩定，但你身上有另一條女靈，它是何因緣而來，我卻不知。」

唉啊，五府天君一講又令我想到之前在烏日媽祖廟，四媽降駕後所言關於女靈之事，不是已經做了處理？為何今日五府天君仍會看到那位女性靈體在我身上呢？

五府天君看我沒反應，接著說：「已經跟女靈溝通過了，目前不會有事了，但有空還是要常回來調理身體和本靈。」

接著祂還半開玩笑說：「要常來啊，雖然我有時手拿棍子很忙，可是我還是知道你來了。」我抬頭看了看座上的五府天君神像，是一尊紅臉突眼留大

(4)接旨令、領寶物。
(5)黃表紙疏文及赦因果。
(6)書寫天文呈天庭。
(7)靈動、訓體、訓乩。
(8)轉紙蓮花轉運開靈。內容以及流程皆依堂主、宮主本身所學、觀念而有所差異。

鬍子，單手高舉棍子的雕像。此時，我心中燃起一種奇妙的感覺：眼前的我正和一個人（靈？神？）講話，而祂其實是坐在堂上那尊的神明？

「請問五府天君，我可以知道我的本靈是什麼嗎？我想知道它到底是何種靈體，是某一尊神轉世嗎？還是何種聖獸、仙物所幻化？」五府天君被我一連串的問題搞得有些招架不住，乩身怔住了，一臉的疑惑。

「我還真不知要如何回答你，或許要問母娘才比較清楚。」

當我看到乩身露出茫然的表情時，覺得既好笑又納悶。好笑的是神明也有面露尷尬的神情，納悶的是：「原來這世間也有神尊不知道的事情！」

## 我的靈體來自邊疆地區？

待五府天君處理完我的事後，我便去找瑤池金母問事。

輪到我問事時，我向皇媽表示，體內的本靈好似有話想要對祂說，皇媽笑笑說：「那你就放鬆讓它出來吧，看看它想講什麼。」

它一出來後，就與皇媽進行了大約五、六分鐘左右的靈語對談，皇媽大部分都是笑而不答，有時也會以類似安撫晚輩的口吻勸說幾句。

我聽不懂它們之間的對談，但多少能猜出它的意思：「它想要辦事！」

一個段落後，皇媽停下來問我是否懂得它的意思，我點了點頭回答說：「它想辦事。」

皇媽告訴我：「每一個本靈剛喚醒時，在能力上以及累世記憶都是渾沌不清，此時談辦事似乎言之過早。」

我點了點頭。

「你的本靈來自於大陸邊疆地區，是一個未長大的小孩本靈，所以它講的話很像吐魯蕃那邊的語言。」

皇媽的回答讓我瞬間陷入思考：本靈屬於靈界，為何會有大陸邊疆之說？小孩本靈？它不小啊，我初期啟靈時，它與我以及小蘋之間的對談，絲毫感受不到小孩的天真、直率或者幼稚，甚至覺得它的講話態度與我截然不同。

但當下我選擇閉嘴，沒有將心中疑惑向皇媽言明……

故事背後

## 覺知心要不斷修持

「商隊使用與沙漠相同語言，才能順利地奔走於瞬息萬變的沙漠當中；漁夫聆聽海洋的聲音，才能在驚波駭浪中求生存。」這是宇宙不變的定律，想要瞭解一個未知的世界，唯一能做的便是深入它、親近它，並仔細觀察一切的脈動。在多年前的經歷中，我深深地體悟到：不要漠視內在的聲音，它才能真正帶領我們邁向「智慧」之路。

佛教禪宗有一個「以指標月」的故事：對於一個從來不知月亮為何物的人，在繁星高掛、穹蒼浩瀚的星空中，他毫不知哪一顆發光的星體是月亮，這時候便需要有一個瞭解月亮於何處的人，指著月亮告訴他：「那就是月亮。」

那人所指（法）是提醒我們月亮（道）在何處，但指頭畢竟不是月亮啊！

世人對於靈修、玄學和神祕學方面有許許多多分歧的論點，但它們都只是一種引導我們去思考的工具而已——對我而言，這些皆是瞭解內在自我的工具，既然是工具，那就代表我們必須自由地運用它，而不是受它控制。

靈修何時開始？從啟靈開始？從靈動的那一刻？跑靈山會靈開始？我認為，是從你開始學習觀察覺知那一刻開始。近十餘年靈修路帶給我的最大收穫，就是成為一個「獨立思考」的人。

在這段故事中，有許多值得思辨之處：

⑴為何觀世音菩薩與瑤池金母的乩身，對於我身上元神一事會產生如此大的分歧？

⑵師姑與它明明都是用靈語在溝通，為何我卻覺得她無法瞭解元神所言的內容？

⑶師姑看見我身上有兩條靈，一條是意外死亡之家族靈，另一條則是不肯出來説話；烏日四媽與五府天君的靈駕則是皆在我身上看見一條女靈，為何神尊皆無法得知此女靈是誰？既然知道了，又為何無法處理？

⑷我的元神真如瑤池金母所言，是邊疆地區的小孩靈嗎？

在N年後的今天，我才瞭解，原來這一切的一切都是誘發我們去思考的觸機，靈修路上充滿了真真假假，該相信什麼，又如何取捨？

靈修何為假？少了思辨，執迷即為假。

靈修何為真？多了思辨、深慮即為真。

## 元神想怎樣，不一定要照辦

靈修者最終的路並非是開宮辦事，每一個人都有充分的選擇權決定未來要走的路，毋須拘泥於他人或元神所接到的訊息，一個真正瞭解自己、勇於走出自我風格的人，日後終會開創更大的格局。靈修者一定要自己決定靈修的方向，才算是真正的靈修者。

由於工作上的繁忙，再加上尚在台中某科技大學進修二專，在這蠟燭兩頭燒的情況之下，我對靈修也不再那般熱衷。或許是知道自己沒有被外靈附身，心也沉靜了下來，更懂得要如何與它相處了。

同時，我與台北慈惠堂也開始逐漸疏離，最主要的原因是，一再重複的調身體、訓體和聆聽仙佛的訓示，並不能讓我領悟靈修與修行的關係，以及靈修未來的方向究竟為何。難道走靈修最終就只有辦事？我不想像乩身那樣走上辦事一途，我覺得靈修應該還有更多的意義，只是當時的我還無法參透。

我選擇離開慈惠堂，是不想讓生活一直充斥著這些話題，跳脫這個領域，也許我可以從不同角度看到不同的靈修。我相信，當關上這扇窗的同時，上天一定會再幫我開啟另一扇窗——只要我持續保持正念與精進心。

在多年後，在一個機緣下認識冠群，一個看似與靈修毫不相關的人，卻促使我正式踏上「靈修・覺醒的旅程」。

## 沉迷神壇而傾家蕩產的冠群一家

冠群是台北某知名出版社的編輯，熟識之後，我才知道他們家曾是富豪人家，而且也是虔誠的宮壇信徒。

三十多年前，冠群父親經營的是挖土機租借生意，在七、八〇年代，台灣景氣正欣欣向榮，帶動了營造業、挖土機等相關產業的起飛。當時，冠群家中不但有多輛豪華轎車，還有一位司機專門負責開雙B轎車接送他上下學，可見家勢富甲一方。

事業上軌道後，他的父母親卻開始沉迷於神壇之中。最初只是一般虔誠的信徒，但到了後來，冠群的父親還開宮辦事，當上了神明代言人，常常一家人開著車從南到北至各大廟宇祈願、拜拜、參加法會，對於廟宇、神壇所需之開銷，皆毫不吝嗇地捐獻。台灣有幾間私人宮壇神像、廟宇的龍柱，都是由他們家所捐獻，少則數十萬、多則上百萬，在那個年代可不是一筆小數目。

或許是因為沉溺於宮壇而疏於處理現實生活中的工作，冠群就讀高中時，他們家開始負債，還有黑道分子上門討債。家道中落後，他們對於神壇的依賴更難割捨，出入神壇更為頻繁，只為了乞求神明降世解決眼前的財務危機。然而「事在人為」，神明如有能力改變一切，又怎會走到這一步呢？

有句話說得好：「貧居鬧市無人問，富在深山有遠親。」親戚、朋友中，有人開始躲著他們，有人則擺明不願再借他們錢。更不幸的是，此時家中最大的精神支柱——冠群的母親，因為壓力過大，過勞而死。

禍不單行，與冠群母親最親近的二姊，因難以承受喪母之痛與經濟壓力，而罹患重度憂鬱症，常一個人躲在房間痛哭，甚至萌生自殺念頭，狀況愈來愈嚴重。而他們一家也為了躲避親戚、朋友和黑道的債務追討，搬家無數次。

此時，我怎麼也沒想到，走回靈修路的契機，竟是從幫助冠群的二姊走出憂鬱症開始的……

一天晚上，冠群突然打電話給我，問我是否能去他們位在台中的家一趟，看看是否有什麼方法可以協助他二姊走出喪母之痛。冠群略知我的狀況，但我從未主動提出幫助二姊的想法。

電話中我沒有馬上給予承諾，冠群亦未勉強我，掛上電話後，我思考了很久。從慈惠堂回來後，我沒有再接觸神壇，雖然生活中有一些疑惑之處，會嘗試以接訊息方式處理，卻不曾真正為他人處理過事情。因此，雖然很同情冠群的二姊，卻也非常擔心假使一不小心沒處理好，反而會將事情搞砸。然而，深思一晚之後，我回電給冠群，約一個週末晚上到他家與二姊聊聊。

## 前世因再續母女緣

還未進門，我就嗅到一股熟悉的味道，那是摻雜著檀香和線香的神壇味。一進門，就看到客廳供桌上擺滿了大大小小不同尺寸的神像，這在一般家庭中很少見。冠群跟我解釋這是因為之前家中有在為人辦事，後來為了躲避債主、黑道的追討，匆促間已將不少神像另寄於他處，餘下的都是不得已才全部請到這間狹小公寓內。我望著供桌上數尊神像，心中不禁有些感慨：「如果拜神真能保祐平安、事事順利，為什麼無法保祐這虔誠的一家人？」

冠群兩位姊姊已在客廳中等我，大姊已經結婚生有一子，為了此事特地回來一趟。簡單的寒暄過後，有重度憂鬱症傾向的二姊告訴我，除了想要知道與母親的緣分關係，也想瞭解母親現在的狀況。

我告訴二姊：「等一下接訊息的過程中，會摻雜靈語，聽不懂沒關係，我會再翻成白話。但有一點我必須強調，在開始接訊息後，我會轉換元神意識與妳對談，在講解過程中，如有任何不懂的地方，一定要馬上提出來，因為在結束後，我可能會記不清楚當時的對話。」

二姊告訴我，她從小跟隨父母親至全省神壇問事、辦法會，對這類的事再熟悉不過，請我放心接訊息就好。

我先上香請堂上眾神明作主，請祂們給予訊息及指導，讓今晚問事過程能夠順利，再將二姊和往生母親的資料一一向堂上神明稟明。沒多久，一股靈動感聚集在眉心處，這是訊息來臨前的徵兆。

「妳和妳母親前世是姊妹關係，對於道法上有所修行。在前世時，彼此就約定要在來世完成共修的願，所以在妳們兄弟姊妹中，只有妳總是喜歡跟母親一起親近宗教。」這段訊息來得十分清晰，而且很像是堂上主神所傳遞過來的。

二姊聽到後表示，從小只要父母親去台灣各大廟宇進香，四個小孩中，只有她一定跟隨在父母左右。

「妳母親在靈界中，正在完成她另一階段的功課，她要我轉達訊息給妳：她現在過得很好，希望妳能過得更快樂一點，不要因她的往生而有所牽掛，她其實一直都在看著妳。」

「我知道、我知道，我真的感覺得到她一直在看著我，我真的可以感覺到。」二姊的淚水宛如潰堤般流了下來。我不曾與憂鬱症的患者有如此親近的接觸，她的身上充滿一股沉重的低氣壓，無形中緊緊地捉住我的胸口。

「如果妳是一個孝順的孩子、真的愛妳母親，請記得：愛自己，也就是愛妳的母親。」這句話是我自己送給二姊的，我相信愛不是約束，一個懂得愛自己的人，自然更懂得如何愛別人。

有一度大家都保持靜默，擔心再度觸動二姊內心的痛處。

「還有其他問題嗎？」我看著她哭腫的雙眼。

「我有一個未婚夫，但是我對婚姻有一種陌名的恐懼，所以無法決定是否要履行這段婚姻？」

「婚姻是一種修行的方式，透過兩人相處的模式，可以藉此真正瞭解兩性關係，這是在人世間的一種修行方式，所以，是否履行這段婚姻要由妳自己決定。如果逃避它，就失去了一個寶貴的修行方式；如果選擇它，這段婚姻還是會以離婚收場，它只是一個修行的過程，而不是妳人生的全部。」

「我知道我的婚姻會走得非常辛苦，但聽了你的分析，我還是會選擇它。」二姊聽完我的話沉思了一會，道出心中的想法（二姊經過了幾年，克服心中對婚姻的恐懼，與結識多年的未婚夫步入了禮堂。二〇一〇年的今天，因為夫妻間的摩擦，目前是分居狀態）。

這一次算是我初次對外人正式辦事，在往後幾年，隨著靈修的經驗不斷累積，辦事的機會也愈來愈多。我很高興冠群能這麼信任我，在當時給我機會幫助他二姊。事後他告訴我，二姊在心境及情緒上已得到相當大的改善，不再整天掛念母親往生的事，逐漸脫離負面的情緒。

## 總是能預見求助人的慈惠堂師姨

不久後，冠群剛好正在準備公職考試，他邀我與他父親一同南下到雲林有名的包公廟拜拜，祈求這場考試能順利通過。

這是我與他父親初次見面！伯父是一名為人和藹可親又風趣的老朽，但他臉上已看不到昔日的意氣風發，實在令人不勝唏噓。一路上我們談天說地，他也絲毫未再提及往年風光。

回程路上，我知道他走宮壇數十年，早期亦是辦事人員，敏感體質與通靈能力應尚在，便向他請益關於我身上元神之事。

他看了我一眼，靜思一會兒後說：「我覺得你好像跟佛陀非常有緣，似乎不是一般神明那一派的（意指道教宮壇）。」對於他的說法，當時我無法判斷是對或錯，但至少再度肯定身上的它並非外靈。當冠群父親知道我的事情後，想到有一位師姨是彰化縣鎮某慈惠堂堂主，冠群也提議要帶我去給那位師姨看看，順道問問六月是否能順利通過考試。

冠群還告訴我關於師姨的特殊能力，在還沒有手機的年代，有一回他們全家到慈惠堂，不巧師姨不在，他的父母親就向堂上的瑤池金母稟明：請神明幫忙知會師姨一聲，讓她能盡快回來。香才剛插下香爐，就看見師姨急匆匆騎著腳踏車從很遠的地方回來，口中還喃喃自語：「又有什麼急事找我？又有什麼急事找我？」

聽到這一段，我心中不禁驚嘆：「怎麼如此神奇！」當然，也更想見到他口中的師姨到底長什麼樣子了。冠群父親插話說：「見到她要看緣分，她很忙，全省慈惠堂都會找她辦法會或辦事，她不一定會在家。」

我嘴上說沒關係、一切隨緣，心中卻不斷向上天祈禱能有緣見她一面，希望長期以來對元神的疑問，能從師姨口中得到解答。

天色已近黃昏，看著車外景色逐漸換上鄉村景觀，我才瞭解這間彰化慈惠堂原來是位在如此偏遠的小鎮。

一般私人慈惠堂大多是家庭、民房所改建，規模都不會太大，除非是財團法人經營的慈惠堂才會有廟宇般的規模，但在看到這間慈惠堂時，我著實嚇了一大跳。大大的廟門、高聳的廟柱，以及近五尺左右的瑤池金母主神坐鎮堂中，與慈惠堂相鄰的是一間三層樓高的香客樓，供一些進香團居住，這間慈惠堂規模稱得上是「寺廟」的等級。

早期主辦大型法會時，盛況之大、好不風光，隨著時光流逝，此間彰化慈惠堂也隨師姨老去而漸漸沒落。

這些話讓我心有戚戚焉，原來神職人員與一般人都一樣，不管早期有多神通、廟宇香火多麼鼎盛，隨著主事者年華老去，所有的一切也將老化。我不禁開始思考：改變環境創造未來的，是仙佛還是人心？

久候多時仍未見師姨人影，隨著時間一分一秒過去，四周逐漸黑幕籠罩，我們心中都很著急，如果離去前師姨仍未回來，以後是否還有機會再來？

就在我心中開始焦慮不安，討論是否打道回府時，冠群突然想到一件事：「你去跟瑤池金母求，讓師姨快點回來。」

抱著「死馬當活馬醫」的心態，我虔誠地向瑤池金母稟明，祈盼師姨能盡快回來。就在我燒香祈求後不到十分鐘，奇妙的事發生了！

一輛藍色廂型車就在堂門口停了下來，一個六十歲左右的婦人從車上走下來，神情略顯緊張與不安，未進門便可以聽到她口中喃喃念著：「我就知有人在等我！我就知有人在等我！」師姨真的被我們盼回來了！

師姨滿臉福態，與台北慈惠堂師姨有相當大的落差，滿臉的笑意和親切的態度，未開口講話，我便打從心底喜歡上她。

伯父和師姨簡單地寒暄後，說明此趟前來的主要目的——詢問他兒子今年的考試，以及關於我元神之事。冠群將個人基本資料寫在一張粉紅色的紙（師姨辦事時供信徒填寫用）上，師姨闔眼沉思後，告知冠群：「瑤池金母表示，考運不強，主因來自於用功程度尚不足，上榜機會不大。」冠群原本就抱著碰運氣的想法，事後也證明沒有上榜。

## 元神無理取鬧

輪到我時，師姨看著我的個人資料闔上眼，口中念念有詞，同時，我體內也開始起了變化，胸口感到一陣一陣的燥熱。

當時天色已近傍晚，氣候涼爽宜人，但是我的體內卻感到燥熱與不安。看著師姨，心中突然升起他鄉遇故知的情緒，有一股特別強烈想哭的感覺，很想跪下來求她忙，就好像師姨是指引我未來靈修路的明師一樣。

師姨尚在接訊息，一旁的我卻已經快承受不了元神的能量。我輕聲地向冠群表示自己不舒服，冠群馬上請師姨處理，師姨抬頭看了看我說：「你是不是頭在痛？」

我點了點頭（我有長期頭痛的困擾，遍尋醫生、做了很多檢查，都表示身體一切正常，後來才知是元神逼體[1]），師姨請我站在觀世音和佛祖面前，表示要幫我收一收。

我沒有向師姨表示自己元神的狀況，一方面是想測試看看她的能力是否真如冠群所言那麼神，另一方面也想聽聽不同的看法。

我在觀世音菩薩前站定，師姨拿起一柱香在我身上比劃起來，隨著香煙圍

[1] 啟靈後，靈修者如果未能讓元神能量有抒發的機會，能量積壓在體內就容易造成莫名的不適，俗稱靈逼體。解決靈逼體的方式可以透過正常的運動或靈動得到舒緩，盲目地四處找人收驚、靈療，只會讓身體與精神狀況產生更大的壓力。

繞，體內的靈動感愈來愈強烈，我搖著頭跟師姨說：「我快控制不住了，好想靈動講靈語。」我手握拳，顫抖地控制身體。

我的手不受控制一直用力拍打著神桌，雖然不希望整個場面失控，在大家們面前失態，但現實卻未能盡如我意，雖然不知它的用意，但我能感覺得到它非常的氣憤。

伯父看情況不對，連忙出聲說：「你不可以沒有禮貌，神佛是慈悲的，你不可以拍打佛桌。」

此時，慈惠堂凝聚著一股詭譎氣氛……

「現在的年輕靈愈來愈多，我上次也有聽說其他分堂在討論這件事，不知是怎麼回事？」師姨不禁地搖了搖頭。

「師姨，元神好像要講話。」我哭喪著臉，指了指頭部。

「有什麼話讓它說！」

師姨不斷地安撫我的情緒，在她的鼓勵之下，我原本緊繃著的壓力總算放鬆了不少。

當我不再強忍，元神便開始說出一連串的靈語：「ψΦξЛЖΩД」它愈說愈大聲、愈氣憤，整間慈惠堂迴盪著元神的怒吼聲。

## 自在就好，把生活顧好才實在

冠群緊張地問師姨是怎麼一回事，師姨笑笑地說是時機到了：「他的元神已經被喚醒許久了，等它出來講話就沒事了。」

元神一直用靈語向師姨溝通，我則是滿腦子的疑問，為何此時我無法將靈語轉換成白話？

在我感到疑惑的同時，師姨和他們父子倆在一旁聊了起來。

「好像屬於王爺級的元神。」師姨說。

「妳怎麼知道？」冠群問。

「因為它講話的口氣，很像王爺，但是還是不確定。」師姨說。

這時候，伯父走到我身邊，拍拍我的肩膀說：「說白話，你不說白話誰聽得懂！」

元神一聽到伯父這樣說，更加氣憤，甚至還一邊揮舞雙手。我雖聽不懂它在說什麼，卻可隱約猜出：「你懂什麼啊，你只會說，你懂什麼啊！」伯父聽到它這樣罵就走了出去。

元神也不管別人怎麼說、怎麼看，對著堂上觀世音菩薩一直開罵，隨著它不斷的謾罵，我的意識愈來愈不清楚，全身也漸感無力，元神意識佔體愈久，肉體消耗的能量也愈多。

過了一會兒，伯父從外頭走了進來：「好像是濟公。」

「是濟公喔？」師姨與冠群異口同聲地回問。

「嗯，是濟公的靈。」伯父的口氣有點不太確定，伯父又轉頭對我說：

「你要說白話啦！你不說白話，我們真的不知道你在說什麼！」

聽到這句話，我心頭突然一酸，好像心中苦處沒人瞭解一般，嘩的一聲，就大聲地哭叫了出來。沒想到脫口而出的不再是靈語，而是白話，所用的語言是我初期啟靈時在家所用的台語。

「難道你們都不知道嗎？他（指我）的時機到了，為什麼你們都不讓我出來辦事！」元神操著台語大聲嚷嚷著要辦事，我盡力控制自己的嗓門、壓抑它，我心想：「我打從心底就不想要辦事啊。」

「可是這孩子還年輕，還要讀書、工作啊！怎麼開宮辦事啊？」師姨搖了搖頭。聽到師姨的回答後，我對她更感欽佩了。許多宮壇的主事者動不動便叫人開宮辦事，甚至會拉攏信徒到宮壇服務以壯大聲勢，想不到師姨竟然一口就回絕掉了！

元神拉著師姨的手乞求她的幫助。

「你要辦事，也要領到辦事令啊，你有令嗎？」師姨雙手一攤、無奈地向我表示，「你沒有令就不能辦事啊！不然你告訴我要去哪拿啊？」

「我不知道、我不知道，我真的不知道……」元神跪求師姨。

看情況僵持不下，天色已晚，一旁的伯父不耐煩地說：「不要再講了啦！太晚了，要回去了，退駕！」接著在我後面畫著符。

可是元神仍不死心，猛拉著師姨的手：「不要讓他（指我）回去啦，我要留在這邊。」講完整個人便躺在地上。

「不可以啦！你不可以這樣，要是讓他家人知道了該怎麼辦？你要辦事要修，也要跟他家人說一聲，要等他肉體的母親來我這，和他家人溝通過才行。」師姨和緩地說著。

眼看沒有人要順它的意，元神竟然轉而開口威脅我：「如果你（指我）不讓我辦事，我就讓你一輩子事業和財運都不順，看你要不要讓我辦事！」對這場元神的鬧劇，我實在不想再繼續下去，就恢復後天意識將元神意識退下。

意識恢復後，我向師姨表示萬分歉意，不知怎會上演一場元神吵著要辦事的鬧劇，師姨畢竟見過世面，安慰我說：「一切順其自然不要有罣礙心。」

回程途中，我問伯父下一步該怎麼走，他回了我一句話：「自在就好，把生活照顧好才實在。」這句話聽在耳裡似另有含意，也或許是伯父多年來走過無數宮壇，最誠懇的忠告吧！

## 呂洞賓轉世，承接慈惠堂

幾個月之後，我與小蘋相約，再度前往彰化慈惠堂找師姨討論關於靈修之事。上次在慈惠堂的經歷，帶給我內心相當大的衝擊，或許我與此間慈惠堂有著深厚的因緣也說不定。待我們上香完畢後，師姨從側門走出來招呼我們，問我怎麼沒帶母親過來，她覺得還是要讓我母親瞭解這件事比較好。我笑笑地表示，有些事情還是要再等一陣子才能讓家人知道。

在閒聊時，我感覺到體內的靈動感，手指開始不自覺地敲打桌面。

「元神在你未出世時便帶下來，你在母體內便已註定好[2]。」師姨笑笑地說。

「是不是一定要幫神明辦事？」這才是我真正關心的課題。

「還是要你的家長答應才行。」師姨仍表示要尊重家長意見。

[2] 元神可分先天元神與後天元神：先天元神是我們到人世間時便一同降世。有些人初期並未帶有元神，出世後本身對於宗教有所涉獵，以及其他因緣聚集，便會再產生一條新的元神，此稱為後天元神。不論是先天或後天，皆稱之為元神。區分方式因人而異，但大體上能夠自我啟靈者，多數屬於先天元神，而透過外力啟靈者，則屬帶後天元神居多，只是仍有例外，靈的世界千變萬化，難有制式的通論。

「不管啦，我一定要辦事，時機已經到了，這肉體母親的事，他（指我）自己會去跟他母親說，他母親耳根軟，講一講就會答應了。」我轉換成元神意識與師姨對話。

「不可以這樣啦！要出來辦事，卻沒有讓他母親知道，這會讓我很為難。」師姨很無奈。

「這件事由我去調解，有機會我會去跟這肉體的媽媽說清楚。」說著便趨前拿起辦事用的黃紙與紅筆。

「我直接寫給妳看就知道了！」元神拿起紅筆就開始寫起天文，它寫的天文[3]有點像印度、泰國的文字，若說是鬼畫符卻又蠻有規律的。

「妳自己看就知道了！」元神將寫完的天文遞給師姨，這是我初次看到所謂的天文，感覺很新奇。

師姨說著天語喃喃自語，然後才翻譯成白話讓我們知道。「嗯，原來這條靈來自於八仙一脈，騎白鶴背著劍，啊，原來啊……」師姨若有所思地笑了出來。

師姨滿臉的笑容，反倒使我和小蘋滿頭霧水。

「這條靈就是從我們這邊分出去的，難怪你一回到這裡，靈動力就變得

[3] 天文是元神書寫的文字，元神不同，所寫的天文亦不相同。

如此敏感。」聽到師姨這樣說，元神似乎感到頗為認同，不由得猛點頭，還笑了出來。

「它從你們這邊分出去?!可是我怎麼沒有看到你這邊有擺八仙的神像啊！」我不解地問。

「很久之前就被人請出去供奉了啦，前不久我還看到祂們回來過。」師姨具有能見鬼神的本領。

元神開口說：「訓乩……我大老遠跑來這裡，你先幫這肉體訓乩，這肉體氣場太亂了。」說完便自顧地要師姨幫我訓乩，師姨原本不願答應，卻禁不起元神的要求。

師姨帶我們去觀音的面前，拿了三支香向觀音拜了拜，就在我身體四周舞動，元神隨著香而靈動起來，口中不斷地嚷嚷著靈語，大約幾分鐘後，我已是滿身大汗。師姨轉身準備將香插回香爐，元神立刻上前將香拿回來，向堂上右側觀世音菩薩拜了拜，開始對著堂內的神桌、神像、香爐做起淨化的動作。

「好好的慈惠堂被妳搞成這樣，都不知道要整理，有誰要來拜啊！不知道妳是在做什麼！」元神拿起香為堂上每尊神像都做了淨化處理，口中還一直罵著師姨廟放著不顧，只知往外跑。在元神用香淨化堂上神明與廟門之際，我腦中閃過一個直覺：「神像開光後並不代表靈性永遠存在，堂上神明的靈性與能量，會隨著主事者及朝拜者的心而有所改變，如果主事者心不在堂裡，靈性也會漸之暗淡無光。」

此時的感覺非常奇妙，不是聲音，亦非影像，是一種全然放鬆後的神靈交流。高靈廣布於靈界之間，元神便是後天意識與高靈之間的橋樑。

慈惠堂主神是瑤池金母，左邊是媽祖，右邊是觀世音菩薩。元神邊說話邊帶領著我的肉體淨化到天上聖母（俗稱媽祖）的神像。

「瑤池金母看妳已如此年邁，希望我能幫妳撐起這間慈惠堂，當初要妳留在這鄉下地方，就是要妳好好幫這裡的鄉親，而妳做了什麼呢？當初這間廟的香火有多旺，不知道妳怎麼搞的，能搞成這樣！」師姨聽到元神這一段話，自顧自地笑了笑，也不知要接什麼話。

師姨修養果然有到功夫，聽到一個晚輩如此罵她都不曾動怒。聽冠群說，她早年吃了不少苦頭，因此晚年養成一切隨遇而安的個性、一切隨緣不強求，不像其他宮廟，為了香客、香火而想要出頭強調主神多有靈驗，或本身又有多強的辦事能力等。

「這肉體（指我本人）真的氣死我了，有事不會問我，跑去問別人，他們根本都亂說，還有人說我是蜈蚣精！」師姨聽到這段話，笑得很大聲，小蘋便向師姨解釋，之前有其他通靈人說我是蜈蚣精轉世！

等整間慈惠堂都淨化乾淨，已過一小時左右，元神突然叫小蘋過來，我不知道它要做什麼。待小蘋一站定，元神就拿香淨化起小蘋的身體。

「你腰不好喔！」小蘋尷尬地點點頭。

「這肉體（指我）常叫妳去爬山妳就不去，每天只知道睡覺，年輕人不要每天睡覺，也要常去運動。」說著就往小蘋背後腎俞穴的位置按了下去，讓她慘叫了一聲。

「妳忍著，這是呂洞賓要幫妳改善身體。」師姨在旁邊說著。

「妳身體不太好喔！不要太晚睡，年輕人要常運動。」元神繞到小蘋前面，「妳子宮也不太正常喔！」拿起香往小蘋腹部畫起符。

事後小蘋告訴我，她的確有生理期不規律的問題。

一旁的師姨見元神為小蘋靈療，請它也幫自己處理長期痠痛的大腿，「妳是要來幫神明辦事，連肉體都顧不好怎麼幫人辦事，十多年的老問題，也不去看醫生，等到嚴重了才要治，真不知妳在想什麼。」

從轉換元神意識開始，我就一直觀察元神與師姨和小蘋之間的互動，我發現，過程中並非全部都是我的元神意識，有時是元神、有時卻是神明投射給我的意識。元神只是一種能量、意識，它不是一個獨立的靈體，並不具有思考、判讀能力，它所扮演的角色是溝通後天意識與仙佛訊息的媒介，有時講出來的話看似是另一個靈體，但又包含絕大部分個人的意識與潛意識，這便是靈修者與通靈人、乩童、陰陽眼最大的差別。

通靈人、陰陽眼的人不被外靈附身，辦事方式以聽和看為主，乩童則是必須讓外靈附體才能辦事，而帶元神的靈修者，則是轉換元神意識後，有時是靠元神為人處理事情，有時卻是仙佛將意念投射到元神意識後的結果。正是如此複雜難懂，才讓更多人搞不清楚到底是元神還是仙佛附身，此外，這也是靈修者轉換元神意識後過程中意識都非常清楚的主因。

待為她們靈療完畢，我們三人坐了下來，元神表示希望能在固定時間來辦事（我後來選擇了另一種靈修路，決定不走當時上天指示的辦事路）。元神也一併回答了師姨與小蘋的種種疑惑：元神預言小蘋與當時的男友會在隔年完全沒有爭吵的情況之下和平分手，也預言了她未來結婚對象的長相。師姨問了一些堂裡之事，元神對於我未見過的人、事皆能具體描述，這點倒是令師姨感到非常驚訝（此預言兌現了一半，小蘋與男友是在預言後六年才分手，分手的理由是因家庭問題，但分手確實是在完全沒有爭吵下和平落幕，至於結婚的對象，由於在二〇一〇年的今天小蘋仍未走入婚姻，故不知另一半長相）。

師姨聽完後驚訝地表示：「你這條元神覺醒能力很強了！我也有遇過不少像你這種自我啟靈的年輕人，很多人的靈開了，卻仍然無法進入狀況，感覺笨笨的，一定要其他堂主在旁指導才行，你是我第一個看到元神轉換後即可馬上辦事的人。你的元神很純淨，肉體也未受到惡習污染（未抽菸、未喝酒，正常規律地生活），這非常難得，是很多外靈想要附身的肉體[4]，為了避免被有心人士利用，日後在靈修路上，切記不要去不知名、私人的宮廟。」師姨語重心長地再三叮嚀我。

從師姨的話中就可以聽出，她在靈修路上走了近三十年，看盡了靈修路上人生百態，心中一定有無限感嘆。

[4] 靈要修行需附在實質的物體之上，比如石頭、木頭、動物等等，所以才會有石頭公、樹公或狐仙的產生。依附靈的產生，除了因為肉體常常往不知名的宮廟跑，而沾染到不乾淨的靈，也有的是前世因緣才有依附靈的出現。

故事背後

# 真理何處尋？

在彰化慈惠堂的際遇，皆是我親身經歷、亦是緣分，如何將緣分轉化成助力，就要看後天靈（我們）的努力與分辨——每一刻都是在創造新的緣分。在二十五歲那年，我如果將瑤池金母與師姨之間的緣分看成最終結果，今天我就會是慈惠堂其中的一位辦事人員。

從初次踏進慈惠堂的那一刻，我便深深感覺到與師姨、瑤池金母有一段深厚的因緣，我也相信，只要一心一意地於慈惠堂潛修，有朝一日，亦能承接慈惠堂當上堂主。當時自己年輕又有能力，再加上與瑤池金母如此有緣，在外人眼中，我應要惜福與珍惜才對，但我很清楚內心所追求的是什麼，辦事絕非跳脫輪迴，通靈辦事在我眼中與醫生沒有太大差別。

醫生只能解一時之痛，卻沒有辦法教導眾人如何不生病、如何活得自在又健康。曾遇過一位醫生朋友，正為是否轉換醫院而傷透腦筋，畢竟在原單位投入了六年的心血，得到無數的肯定，轉移他處行醫，勢必得放下這群已培養出濃厚感情的病人。我說：「台灣什麼都沒有，就是病人最多，有人就有病，有病人一定有錢潮，只要人們依舊不懂『養生』兩字，你去到哪也不用擔心沒錢賺。」他聽到我這句話笑了出來，決定轉換跑道。

這就是台灣醫界縮影，把同樣的邏輯拿到宮壇中亦是如此。

台灣宮壇何其多，不用繳稅，賺錢如水，一家接著一家開，每位主事者都說自己有通天本領，具有除厄祛病、捉妖斬鬼之能力，但是，有這麼多的辦事人，眾人在紅塵俗世中生活的問題依然很多，似乎沒有辦事人能教導眾人如何解決自己的問題。「辦事」兩字從啟靈那一刻，即非我所追尋的最終目標，假使靈修等於辦事，台灣靈乩、乩童、通靈人如此眾多，應該不缺我一人。之所以沒有選擇走入辦事一途，是因為自認後天智慧不足，僅能解決眾人表相問題，而無法給予更高深的善知識，帶領人們往不同修行次第，擔心反而誤了更多人。台灣宮壇何其多，來來去去總是空，既然我明白這點，何必還要蹚這渾水？

在靈修的路上，我不斷地提醒自己「平常心」，我只是平凡的凡夫俗子，發生在我身上的經歷都只是過程，要駐留不前或將一切視為路邊花草，全憑個人的心態。我以研究的心看待發生在我生活周遭的一切，觀境卻不入境。我不喜歡受人擺布與影響，保持踏入靈修時的初衷，才不會被路上光怪陸離之事所誘惑。

這段時間，我逐漸將發生在身上的奇妙經歷濃縮整合，也因此，促使我對靈修兩字產生了另一層全新的體悟。更精準地說：啟迪我在舊有靈修、玄學上有不同的思考邏輯，我隱約感覺到內在正在蛻變，但尚未成熟，我需要更多的時間轉化、醞釀。

原先我將元神與後天靈（我）切割為二，兩者之間畫上一條涇渭分明的鴻溝，從彰化慈惠堂回來，我學習放慢向外探尋的腳步，從原來的積極轉變為後來的平靜。

至此，我不禁想起南傳上座部佛教長老阿姜查禪師的一句話：「混亂升起的地方，就是寧靜可以升起的地方；哪裡有混亂，我們透過智慧，哪裡就有寧靜。」

我向內在探索，不再靠外人的解答，我找到與它良性互動的方法。我從這一段過程中得到一個心得：一切都由自我做起，它與我是共存共亡的生命共同體，我所要追尋的答案，其實與問題是一體兩面的存在。

# 不同的靈修法&強勢的元神，判斷靠自己

他人看法不足以證明對與錯，修行路上有許多自稱大師、領天命之人，其實大多是自吹自擂罷了。真正走靈修路的人，定先有一顆謙卑心，這是靈性成長定律；而一個懂得謙卑之人，對於本身靈性經驗，更懂得保持寂靜與緘默。

緣分總在該來的時機降臨，一天下午七點左右，我和好友小相兩個人共騎一台機車來到台中最熱鬧的逢甲商圈，和冠群的二姊約好，要去見一位非常奇特的靈修人（以下簡稱錢大哥）。

前一晚，冠群二姊突然來電。有一陣子與她們家沒有聯絡了，這一通毫無預警的電話，卻在冥冥之中帶領我走向另一次第的靈修成長路。在電話中，二姊突然問我靈修是否有所精進。

我笑笑地說：「還是老樣子，不能說沒有進步，只是不知道未來的路在

哪裡，妳今天找我有什麼事嗎？」她告訴我，最近遇到一位錢大哥，在靈修上有獨特的見解，平時不多話，但懂得非常多。自從認識這位大哥後，她在生活上過得更踏實，憂鬱症也改善了不少；更重要的是，她了悟許多以前所無法參透之事，問我要不要找個時間一起去看看。

「該不會又來一個滿口真理的靈修大師吧！」我雖然心裡稍有存疑，但畢竟二姊是出於好意，加上也相信她的為人，就抱著死馬當活馬醫的心態答應了下來，相約隔天晚上見面。同時，二姊還告訴我，那位大哥生活過得並不好，一家四口在逢甲商圈附近，寄住於一處別人放置祖先牌位的三合院內。

## 住在破舊三合院裡的靈修奇人

就算二姊有把話說在前頭，但實際看到那狹小、低矮的房舍，由於和我之前所接觸的神壇宮廟落差實在太大，一時之間還真的難以接受，只有不斷安慰自己：「真人不露面，真正厲害的人，生活就是如此簡樸。」

二姊、錢大哥夫婦，再加上我和小相共五個人，光是站著就把不到五坪大的客廳擠滿了。瞬間我的內心一陣尷尬，啟靈至今多年，以為所謂的通靈人、乩童或是大師，都是生活無虞，想不到他竟是住在如此簡陋的地方。二姊告訴我們，每次來到這邊，她都能感受到一股舒服的氣場，尤其是在打坐時，很快就能進入狀況，因此她請我們先靜心打坐。

錢大嫂也告訴我們，如果想靈動就靈動，我心想：「靈動有什麼難？只要心念一轉換成元神靈識，靈語、靈動對我而言並不是什麼難事。」而且不是要聊靈修與關於我元神的問題嗎？為什麼要我們先打坐？心中正納悶時，錢大哥很客氣地倒了兩杯茶請我們，便什麼也沒說地轉身離開，到廚房去。他的年紀約在五十出頭，理了一個短短的小平頭，嘴上有一點破相，穿著一般的居家服，毫無一絲絲神壇江湖味[1]。

沒多久，又來了一位四十多歲的鄭師姊，她很有禮貌地向我們打聲招呼，便開始自行打坐。我環顧這小小的空間，除了小茶几上有一尊觀賞用的木製藥師佛，沒有任何其他宗教性質的飾品、法器等，擺設與一般家庭無異。

室內氣場引起我的靈動力，強烈的能量從體內湧出，我知道要靈動了，便告訴錢大嫂想要靈動的想法。

錢大嫂笑笑回我：「要動就起來動啊，不要去壓抑它。」

我擔心如果讓元神出來，會有失禮的場面出現，但看她一副輕鬆自在的模

[1] 為了突顯自己「特殊能力」，有些人會在身上掛滿天珠、玉器，或是穿著唐裝，動不動就拿赦因果、通靈、天人投胎和三花聚頂那種讓人摸不著的說法來唬人，如此神壇江湖味的「大師」在靈修路上比比皆是。

樣，似乎不太擔心我靈動後的舉動。心念一轉，心生或許也可以試試錢大嫂元神能耐如何的想法（此心不可長，當時年少不懂事）。錢大嫂站了起來，我的元神也以一種很自然的比武招式等候大嫂，她告訴我：「等一下是元神間的交流，俗稱會靈 2 ，你只要放輕鬆由靈體帶動你，不必抑制它的行為。」

會靈？這名詞我倒是第一次聽到。

全身放鬆後，元神向前撲向錢大嫂，突如其來的舉動著實怔住了我。哇！這根本就是在尬陣吧！元神之間如同打拳般操練著武步，從一開始以慢動作禮貌性比試武功，到慢慢地開始「攻擊」對方，又像在打拳又像在過招，柔軟中卻帶著一股強大的能量在兩人之間。在過招之間，元神不斷地變化多種令人嘆為觀止的動作，所展現的武藝是我從來不曾見過，時而柔軟時而強悍。

「元神欲透過比武招式壓倒錢大嫂（元神）！」我雖然不甚清楚原因，但多少看得出來。

比試僅十多分鐘，我與錢大嫂已滿身大汗。我開始萌起收功休息的念頭，心念方畢，元神便慢慢做起收功動作，甚至做出一個從未看過的行禮——雙腳前後交叉後蹲下來，手掌向上重疊放置地上，頭叩向最上面的手掌。雙方很有禮貌地退回原來的位置，錢大嫂的元神則以屬於她的動作向我回禮。

2 會靈可分為兩種，一種是由元神在廟宇、仙山中與仙佛相會；另一種則是兩位以上的靈修者，轉換元神後互相學習彼此功法的過程。

會靈比試結束，錢大嫂僅提醒我，千萬不要瞧不起任何一位靈修朋友，我知道她的言中之意，方才是我帶動元神刺探她的底子，說明白一點，是因為我的內心瞧不起她，元神才會欲以比試一較彼此能耐高低。

## 向觀音脈師姊比小拇指的驕傲元神

一旁靜坐的鄭師姊突然口中念著靈語、雙手在胸前不斷地轉換多種手印，這是我從未看過的靈動現象。外表溫和的鄭師姊，轉換為元神意識後，帶著一股不可侵犯的威嚴。看著她，我的元神似乎想與她做個交流，我轉頭詢問錢大嫂的意見，她很客氣地說：「當然可以，每個元神都會去接觸任何一個帶靈體的朋友，只要不是惡意，依照靈動感而動都是被允許的。」

轉換成元神意識後，便與鄭師姊用靈語溝通，元神大概的意思是：「妳以為妳的靈格很高嗎？和我相比還差得遠呢！一個來自於觀音靈脈的元神，有什麼資格可以與我對談！」我的元神向著鄭師姊比了比小拇指，表示妳只不過是一個小咖罷了。當下我尷尬又難為情，畢竟鄭師姊是一位長我多歲的長輩，今日元神竟然以如此不敬態度回應鄭師姊，叫我情何以堪。

一旁許久未發一語的錢大哥此時突然開口：「長輩就要有長輩的風度，不能仗著長輩身分來教訓晚輩，這樣又如何讓晚輩信服於你。」簡簡單單的「長輩」兩個字，卻重重地直擊我心頭，如電流般從頭到腳貫穿我全身。他是在對我說話？難道方才與鄭師姊元神會靈時，他感受到我的元神靈格高於鄭師姊？錢大哥是否能看到我與鄭師姊兩人的「元神」，不然，他怎會用長輩兩字來形容我的元神！

「長輩」這兩個字遠遠勝過這幾年來，任何人對於我元神的解釋及看法，一語道破我這幾年來苦苦尋找的「答案」，一路走來，我常自問「你是誰？」卻始終無法得到明確的答案，這問題似乎不僅發生在我的身上，許多靈修者都是如此。在這幾年當中，我已聽過無數個所謂的通靈人、乩童、法師對於我元神的解釋，但總是如隔靴搔癢，無法說中我心中真正的感覺，而我一直苦尋元神的脈絡，所要的或許不是一個答案，而是捉住那種說不出來的感覺。我們可以透過元神意識瞭解他人的過去世、病體及個性等，但只要問到關係到自己主神、靈脈的時候，訊息總是斷斷續續、不清不楚，這裡頭蘊藏何種原因我也不清楚，或許是關己則亂吧！

唯一可以確定的是，多年下來，我感受到它似乎與一般人的元神有相當大的差別：沒人教導卻能夠自由轉換靈語與白話、在任何時候皆可依心念轉換後天靈與元神、靈動所打的拳法千變萬化、元神可以準確地說出對方病體、心理狀況和進行靈療，甚至還到朋友家中淨化房子看風水等等。此外，每每轉換元神意識時，我都能感受到莊重與嚴肅，這是許多人啟靈多年也無法做到的。我無法確定我的元神靈格有多高，但我隱約之中可以猜出一二。

我看著錢大哥，心底知道這幾年來想要的答案一定能在他身上找到，也相信他可以帶給我不同於傳統宮壇的靈修指導，我是一個非常排斥傳統靈修與宮壇文化的人，這六、七年來，已經看過、聽過無數荒誕不經的修行方式，實在不想再重蹈覆轍。

大哥說完後就不發一語，我當時則是整個人呆住，傻傻地沒再說話。

## 怎麼辦？竟然看不懂自己寫的天文！

我再度感受到元神意識強大的能量，透過聲帶向錢大哥、錢大嫂表示想要寫字。錢大嫂從小茶几底下抽出一張黃表紙及紅筆，我趴在茶几前快速地書寫一張又一張的「天文」，我能夠將靈語翻成白話，卻無法翻譯自己所書寫的天文內容，僅略微地瞭解天文大概是講關於自己元神出處和主神之事。我轉身將天文拿給錢大哥，看看他是否能代替我翻譯天文。他看了一眼後告訴我天文的內容是關於我元神一事，假如我能看懂便對自己的來源有了進一步瞭解，經他這麼一說，更印證了我心中的想法，同時讓我更好奇他的能力，但隨後他又補上一句：「自己寫的天文要自己翻，連自己寫的天文都要靠別人，那就不用走靈修了。修行沒有他人可以代替，一切都要靠自己。」

錢大哥這一席話講得我無地自容，整個臉都漲紅了起來，從來沒有人告訴過我這種觀念，我拿起天文努力想要翻出天文內容，但不管我如何努力，不僅翻譯不了甚至還一直講出靈語。錢大哥聽了直搖頭，進廚房前說了一句話：「要走靈修，卻連天文都不會翻成白話，還走什麼靈修。」

我內心一陣狼狽，暗想：「天啊，怎會這樣，我怎會在這邊出糗了。」這下子真的將我的自尊掃地了，從我啟靈開始，自覺元神能力相當不錯，論接訊息與辦事，至少都有中上的程度，這樣的我，竟然無法翻讀出自己所寫的天文！我僵在茶几前久久說不出話來，錢大哥從廚房走了出來說：「如果你一直用『肉眼』看天文，就永遠無法看透天文的意義。」大哥拿起我寫在黃紙上的天文說：「你要用『心』看天文，試著將專注力放在第三隻眼，也就是在眉心的地方，這是我們靈體出竅、也是靈體與靈界溝通、接收訊息的地方。將手掌懸空於黃紙上、將心靜下來，試著慢慢去『閱讀』自己所寫的天文。」大哥將黃紙交還給我。

大概是因為心一直靜不下來，我依舊無法「解讀」出我自己所寫的天文。

我笑著將天文拿給大哥：「你幫我翻譯，我實在看不懂。」

大哥回了我一句話：「你自己寫的東西都沒辦法翻譯了，我怎麼可能有辦法。在靈修路上，沒有老師、也沒有可以依靠的人，一切都要靠你自己；翻天文也是，如果你自己都翻不出來，又要如何得知別人所言是否正確？」

這番道理從來沒有人點醒過我。

大哥看到我不說話，又接著下去講：「天文它絕不是一種文字，而是一種訊息，一種透過人類所寫下來的訊息。因為它不是文字，所以會隨著不同的人、程度、靈格而有所不同。還有，天文要給每一個人的訊息不同，每個人當然就會有自己的解讀。」

「如果我連自己的天文都看不懂了，那靈修路豈不是白走了。」這是我第一次有如此深刻的感受。

大哥在我們離去前，向我們分享一個觀念：「天文需要好好地去解讀，那是它們給我們最寶貴的訊息，解天文的過程能讓我們複習並得到靈修的精華之處，這樣才能在靈修路上再求精進，天文的意義就在這裡。」

## 啟靈會傳染？

從錢大哥家回來後的當晚，我在深夜裡思索這天所發生的一切，電話突然響起，是坐車回新竹的小相打來的。他原本已經準備上床休息，卻感覺到手不由自主地在晃動，隔了一會兒，他的雙手竟伸向半空揮舞，緊接著全身左右大力晃動，口中還不斷地喃喃自語一連串自己都聽不懂的語言，完全搞不清楚狀況的他嚇到全身發抖。

我是過來人，一聽到他的狀況，忍不住大笑不止，小相聽了很生氣，罵我怎麼會是這種反應。「因為你啟靈了啊，和我之前一樣，有什麼好怕的，我還不是活得好好的。」這時距離我初啟靈已有五、六年了，但顯然我的回答並無法安撫他緊張的情緒。

電話中傳來小相的元神以靈語伴隨白話表示：「不要讓他啟靈，不要讓他啟靈……。」「怎麼會這樣，它叫我不要啟靈，說我會害到很多人，怎麼會這樣啊？」聽得出來小相已經亂了分寸了，我連忙告訴他：「管它胡說什麼，反正不要理它就好。」

在電話中，我用幾個問題測試了小相的元神，一陣答非所問後，我更加確定初啟靈時，元神只是一個反映我們潛意識的能量體。我一邊安撫他的情緒，一邊請他明天再下台中一趟找錢大哥，看看他有什麼看法，另一方面我也想看看，錢大哥對一個初啟靈的人會用何種方式處理。

## 昨天還是平凡人，今天就可以為人靈療?!

雖然對於再次打擾錢大哥感到非常不好意思，但是他親切的態度令我們非常窩心。

我將小相的狀況簡述了一次，他沒有多說什麼，只是拿起電話請錢大嫂回來。在等候錢大嫂回來這段期間，我心中起了疑惑：初次見面時，也見識過他的能力，難道他無法解決小相的問題嗎?我將心中疑惑向大哥詢問，他簡單地回覆我：「我非辦事之人，有些事我須透過錢大嫂的元神來處理。」

這個說法令我更迷惑了，但一切也只有等錢大嫂回來後再說。

錢大嫂匆匆地回來了。一進門口便急急忙忙地脫下拖鞋，她腳背處被滾燙的熱水燙成一大片紅腫，起了一顆約〇・五公分大的水泡。她告訴我們，早上在做事時感到心神不寧，感覺家中好像有事要發生，一整個早上心不在焉，接到大哥的電話時，又急於收拾賣飲料的攤子，一不留神便讓熱水燙到。

這是巧合嗎？這個現象與彰化慈惠堂師姨狀況相同。怎麼一些靈修的人開啟元神能力後，似乎都有某一種預知力？

對此我們感到非常抱歉，錢大嫂笑笑地表示，說一切都是她自己不小心所引起的。見她如此客氣，反倒令我們兩人更感到愧疚。

此時，一旁的小相突然蹲下身，一手護著錢大嫂受傷部位，一手比出劍指，口中不斷地喃喃念起靈語。我知道是小相的元神在為她處理燙傷，昨天早上的他與一般人無異，晚上睡覺時自我啟靈，今日的他便能伸出手為人靈療處理，這種狀況超乎我的想像。錢大哥告訴我，小相為錢大嫂靈療出於彼此元神之間因緣所致，因為靈體在天界已經熟識，放掉後天意識後，元神便會執行它們認為該做的事。

我問錢大哥：「小相算是啟靈嗎？」

錢大哥肯定地說：「是，他已經啟靈了。」

「啟靈不是應先從靈動開始，才漸漸轉變為有意識的行為。他昨天只是看我們這群人在靈動，回到家後，便在睡覺時元神自動地甦醒，這是什麼原因呢？」

錢大哥表示：「當後天靈心性成熟時，元神便能夠以自我方式甦醒（自我啟靈），以你與小相的情況來說，就是自我啟靈。帶有先天元神之人，啟靈後進入狀況的速度會比後天元神啟靈來得快。一般而言，自我啟靈的靈修人，在未來的靈修路上反而較外力啟靈的人紮實。那是因為心性成熟的後天靈有著沉穩和其他特質，在日後靈修路上的包袱反而會少一點。」

「那為何初啟靈的人，元神會講一些後天靈不懂的事物？小相的元神就表示勿讓小相啟靈，否則會害到許多人、產生不必要的困擾。」

錢大哥看著小相說：「小相雖是今日啟靈，但他與母親以前常跑宮廟，在宮壇裡看到許多偏頗的作法，例如操五寶進駕、燒金紙赦因果、花大錢超渡祖先靈等等，所以後天靈在潛意識中產生了排斥的心態，以至於當元神剛甦醒時，就會講出潛意識的看法。」

錢大哥這一番話帶領我回到六、七年前初啟靈時的情境，他緊接著又補上一段話提醒我：「元神沒有思考能力，亦沒有判斷能力，它只是一個意識而己。是誰給它意識？是誰賦予它觀念？說到底，還是我們後天靈，元神只是呈現我們原始記憶和潛意識而已。」

既然如此，為何我在初啟靈時，元神就向慈惠堂師姨表示要行濟世度人的天命？難道在我的潛意識中也種下此藏識[3]嗎？

錢大哥向我解釋：「有些元神在啟靈時，確實會反應出今世應要完成的功課。」

「該如何分辨是潛意識或今世的任務？」

「必須不斷地內觀和觀察發生在周遭的人事物。」錢大哥以我和小相為例說明，「觀察內心，便能知曉內心是否存在著元神所言的意識；透過觀察生活周遭，可以瞭解自己來到人世間的任務。」

錢大哥又指了指正在幫錢大嫂靈療的小相：「從初啟靈的狀況亦可瞭解元神天生所存在的資質，昨晚到現在僅數小時，他的元神已有覺知並能為他人靈療。以一般外力啟靈的人而言，是不太可能發生的，這必須是後天意識的覺知再結合元神覺醒的結果。」

那麼，如果元神想開宮辦事呢？因為看過太多荒誕的作法，長久以來我對宮壇的靈修方式、開宮辦事皆不感興趣，沒想到錢大哥的回覆，輕易地解開我

[3]《六祖大師法寶壇經》卷一：「自性能含萬法。名含藏識。」

多年的心結：「一切事在人為，你可以走自己想走的舞台，不要被元神的話所侷限。它就是你，而你也是它。如何取得平衡不在它而是在你，未來的路是你在走，不是元神、更不是神明。」

僅憑幾句對話，便可瞭解錢大哥在靈修路上確實有下過功夫，三言兩語便深入靈修的核心價值——靈修路是以後天靈為主，要如何走下去，仍要回歸到內在的自我，不要在意外人對靈修的看法，只求走得坦然自在。

這時我又產生另一個疑問：元神從何而來？元神與後天靈之間又是什麼樣的互存關係？我向大哥提出提問，他輕描淡寫地表示：「元神的存在與我們在這人世間的累世修為有關，而元神之所以會與我們在今生共存，是因為彼此是密不可分的關係。」他特別強調一點：「如果心中認定兩者是個別獨立的能量時，日後也很難將兩者合而為一；反之，如果能瞭解元神與後天靈共存於色身，沒有一分為二的觀念，元神與後天靈融合後，日後才能真正瞭解更多靈修的真諦。」

至於我的元神為何，錢大哥淡淡地告訴我：「後天靈的個性影響元神所表現出來的行為，而元神帶有的習性則與後天靈息息相關。身為『長輩』，就必須懂得謙虛與提攜靈修後輩，這才不枉來到這人世間。」

事後，二姊來電關心我與小相，她提出自己的觀點：「既然你接觸這麼多年的靈修，還是無法找到屬於自己的靈修路，何不放開心胸接納錢大哥的意見，是非對錯都可以日後再做判斷。」

## 小相驚魂記

另一方面，自從啟靈之後，小相的敏感度也和以前大不相同，平時一覺到天亮的他，現在則常在睡醒後仍記得前一晚的夢境，那種似真似假的夢境讓他非常困擾。此外，在日常生活中，從未有的「與靈接觸」經驗也大幅增加。

### 大蜘蛛敲背

男生嘛，總是喜歡打赤膊穿四角褲睡覺（這次他有無穿內褲我不知），某天晚上，才剛剛趴下來正打算睡覺時，一個不明物突然「啪」地出現在他背上，他被這突如其來的狀況嚇到絲毫不敢亂動。

那個不明物體正在用兩隻前腳輕輕敲打小相的背，就好像是在暗示他或提醒他一樣，小相感覺得出來，那是一隻比男人手掌還要大的毛蜘蛛！

事後我問小相如何確定是毛蜘蛛，他回答：「因為我明顯感覺到牠的兩隻腳有刺刺的毛，而且牠在移動時，我還感覺到有其他的六隻毛腳，不是毛蜘蛛是什麼！我都快暈倒了，全天下我最怕的就是大蜘蛛，一想到就全身起雞皮疙瘩。」

小相被毛蜘蛛嚇到快尿失禁，牠似乎也知道小相非常害怕，竟然還緩緩地朝向脖子爬去。小相嚇到再也受不了，一不做二不休，一翻身想和大蜘蛛來一場「人蛛大戰」，然而事情就是這麼神奇，才一個翻身，那隻大毛蜘蛛竟然消失得不見蹤影，小相把房間翻遍了，就是找不到牠的影子。

「是你在做夢嗎？」我反問小相。

「我沒睡怎麼會做夢！」小相信誓旦旦地表示。

不是夢，又該如何解釋？

隔天我問錢大哥此事，他笑笑說：「在靈界，蜘蛛是地藏王菩薩的信使。靈修路上會產生許多異象，是好是壞端看自己的後天靈如何從幻境中去思考，此遭遇或許是小相的功課，他要去思考與地藏王菩薩之間的因緣為何。發生在我們身上一切的異象只是督促我們思考，而思考之後的心得才是真正的心法，這才是走靈修應有的學習態度。」

聽完錢大哥的解釋，我心中不斷地默念：「阿彌陀佛……不對，地藏王菩薩，日後如有功課記得人來就好，不用帶信使！南無地藏王菩薩、南無地藏王菩薩。」

## 廁所的鬼魂

那一年，小相還到新竹某知名連鎖電影城上晚班，有一次到洗手間，聽到廁所隱約傳來哭泣的聲音，他轉身細聽，確實有小男孩在哭泣，當下以為有小男生走失了，趕緊打開廁所檢查，才發現廁所內根本沒有任何人！

有次小相在廁所上大號，裡面沒有人，也沒聽見任何聲音，但坐在馬桶上的他，卻一直感覺廁所門上「趴著一個男生」，而且盯著他看。雖然小相抬頭確認過沒有人在，但那股視線卻一直存在——雖然看不到無形靈體，但他就是感受到「它」。

## 想搭便車的女鬼

一天晚上，小相打電話給我，電話中依稀聽到陣陣風聲，他大概是在騎機車的路上。

「猜看看我剛才遇到什麼事！」小相的聲音聽起來雖然平靜，但是卻帶著一絲絲的興奮。

「見鬼了吧！」半夜打來，不是見鬼，就是被人搶劫，哪有什麼好事！從電話另一端傳來他「哇！」的一聲：「你怎麼這麼準啊！」我苦笑，我只是瞎猜。

他告訴我，當時在騎車回家的路上，正常的情況下，機車的速度不太可能比汽車快，但他卻遇到一件怪異的事：當那輛車呼嘯而過時，他卻「感受到」車頂上坐著一個「女生」——車輛與機車擦身而過的那一剎那，時間與空間頓時凍結，小相這時才「看到」那位女子正與他對看。

「是錯覺吧？怎可能車子跑那快，你還能清楚看到那個女生！」很少聽鬼故事還能這麼輕鬆。

小相也是一頭霧水地向我解釋，當下的情況真的就有如電影情節一般，

「會害怕嗎？」我問他。

「不會害怕，只是覺得那一刻的感覺很奇妙。」

當那輛車經過後，他突然感覺車後平白無故多了一些重量，是方才車頂那個鬼魂嗎？還是其他「路過的乘客」？小相表示不清楚。

「那你載它一起回家嗎？」光想畫面就駭人。

「當然沒有啊！怎麼可能載回家啊！」小相接著說，「我只好靠路邊停車，一直用心念跟它說不要跟著我、不要跟著我，一直到那感覺消失後，我才又騎回家。」好樣的，他真有一套。

## 受傷的靈魂

某年的農曆七月，小相下班後打電話給我，請我接一段訊息，他身旁有一位枉死鬼魂，要我感應看看它在他身邊的哪一側？我闔眼轉換元神意識後，我的手伸向了右側，好像隔空摸到一個靈體，為求謹慎，我再次感應那個靈體的性別為何。「它在你的右側，好像蹲著，應該是一個女性的靈體。我怎麼覺得它好像生前受過傷，是意外嗎？還是車禍？」

小相高興地表示我的訊息與他所感應相同，他想超渡它卻不知該怎麼辦，希望我能幫這個忙。我實在不知要怎麼做，但腦子裡突然晃過一個念頭：「靈修辦事應要跳脫有形的辦事儀軌，並抱持正念的態度，再轉換元神意識祈請主神幫忙即可。」我將這想法告訴小相，他依照我的方式去做，過了大約十分鐘左右，小相告訴我，再也感受不到那位枉死鬼魂的存在了。

隔沒幾日，小相又打電話告訴我，他強烈地感覺到房門外面站了一個男人，緊張地問我該如何處理。我告訴他，別太在意它，一切就沒事。相信它就存在，不相信它就不存在啊！聽到我這麼說，他的心似乎安定不少。掛上電話不久，電話又再度響起，他告訴我，這次不僅那個男性鬼魂回來了，甚至他還帶了一大群鬼魂站在窗外！

我向他解釋：「啟靈的人就好像是在汪洋中的一盞明燈（元神），一群落海的人（亡魂）看到明燈就會想游過來，這很正常。如果心不自在，日後靈修會很辛苦。」我告訴他，若是在意，就在心中默念地藏王菩薩降臨，請祂超渡它們離去。小相照著做後，他所感覺到的鬼魂就因此消失。

是心念所致或真是鬼魂？其實並非重點，而是我們該用何種角度看待。人生路很長，修行並非追求神通或接觸無形眾生，我們應從靈修中體悟到一般人所體悟不到的事物，而非將這條路上的「附屬品」當成目的地。

## 它們影響生活，就罵回去啦！

我是小相初啟靈時最常商量的對象，從他身上，我看到不一樣的心路歷程。每當我與小相在電話閒聊的時候，一些自稱仙佛的外靈，常會透過他的元神轉達訊息。

這樣的情形常導致我們的對話必須中斷，幾次下來我已經有點不耐煩了，我問小相：「你不能控制住嗎？」小相告訴我，元神想要「說話」的念頭非常強，我體諒他的感受，耐著性子讓「仙佛」透過小相元神表達意見。然而，是可忍，孰不可忍，相同狀況不斷發生後，我還是忍不住透過電話大聲反駁另一頭自稱╳╳王爺的神仙：「你不要一直打斷我們的對話，請你尊重我們。」

「你這是什麼態度！」祂透過小相的嘴教訓我。

「我希望你能尊重我們，你一直在插話，這有點不禮貌！」我口氣也不太好了。

「什麼叫不禮貌！這是你這個後輩應該有的態度嗎？」祂的火藥味愈來愈重了，「如果你還是這種態度，我就把你的能力收回來！」

哇！這樣說真是惹火了我，這擺明是威脅了吧？以為我是初啟靈的菜鳥沒見過世面嗎？我反嗆回去：「收回去啊，如果你真是神明，有能力就儘管收回去！今天這能力不是我求來的，我不靠這吃飯，也不靠這過活，就算收回去，我還是可以過我的日子！」這不是玩笑話，到現在我依然這麼想。

聽到這，小相連忙跳出來打圓場，他認為我太不尊重「仙佛」了。「是你說的喔！你不要後悔，我們要收回你的能力！」那位╳╳神透過小相轉達訊息說道。

小相勸我何必如此，其實當時的我已經瞭解到，在日後的人生旅途上，這類的事件只會一再發生，我不想靠「它們」來告訴我怎麼做最好，我只想靠自己去思考問題。我提醒小相在靈修路上要不斷把持自己、修正觀念，每走一步都要想：「這樣對嗎？為什麼要這樣做？」這條路上的果實非常誘人，稍有不慎，就容易陷入自己所設之迷沼當中。

靈的能力真的如此神通廣大嗎？靈的能力要影響我們，也要我們心中有所「求」！心中無求又何來影響？這道理在人世間都適用。只要內心不想進步，自然就不會精進；心中對酒、色、財無任何「執著」，便不會陷入這「貪」的框架中，要被騙也要先有「執念」吧！修行是因為自己想要精進而修，這份精進心絕非「得」。在修行路上，祂們絕不能幫忙改變什麼，能做改變的只有自己，環境必須由自己去創造、修行是靠自己去精進、觀念是自己要去思考。

故事背後

## 懂得思考就不會迷失自己

走在靈修路上，會有許多神諭發生在自己或別人身上，突然從心中響起一個聲音，或者聽見、看到神的指示。對於一般人而言，這些不可思議的現象宛如是天上掉下來的禮物，定力不足的人，很容易會對這些異象產生依賴心。生活中如果沒有祂們的指示便不敢做任何行動，聽起來或許可笑，卻真實反映目前的宗教亂象。

現實生活中有多少人迷失自己，一味拜佛、花錢去供養神佛（或給一些所謂的大師），以祈求事事順利，但祂們（他們）到底幫了我們多少？拜佛多年或將錢供養一些所謂的大師，到頭來，還不是要靠自己去賺錢養家？夫妻、婆媳、課業、事業、理財等問題還不是要靠自己去解決？我相信，所謂仙佛、高靈能有如此的品德與修行，絕非要我們去拜祂們，更不是要人們拿錢供養，祂們不需要這些東西，這些不過都只是人們從心中所衍生出來的行為罷了。祂們只希望我們能更精進去修行、能努力去做好人世間的一切事情、能更有善心而已。

在看待事情的觀念上，須不斷溝通、磨合，縮減彼此觀念上的落差；在處理事情上，更沒有全對或全錯的偏激想法，端看看待事情的角度。靈體與人不也一樣嗎？祂們處理事情的方式不一定是對的，所說的方式也不一定最適當。靈體不會有誤判的時候嗎？我相信祂們只不過是修得比我好，修得比我精進，但這並不代表祂們處理事情就一定是最圓滿的。不管是多高竿的神明，祂們說的內容只能參考，任何事都必須在腦海中整理、思考、融會貫通後才是真正屬於我們的東西。

現在已不是古代的封建時代，時代在進步，我們歌頌民主、講求民主，已不再凡事都以祂們為尊、以祂們為主。古代多少帝尊與富豪，哪一個不是事事叩問祂們，但最後卻喪失自己的想法與判斷力？不說古代人，現今許多人四處求神問卜，把神明的話視為聖旨，是不是也迷失了自己？

## 跑靈山不一定能變達人

有不少靈修人會經歷仙佛附體的過程，祂們（它們）常常在不經意之時到來，指點人生迷津，靈修者要瞭解一個觀念，這也是靈修路上的一門功課：相信而沉迷，便陷入了著相迷失、忘了自我本性；質疑與深入探討，才會擺脫對祂們的依賴，靈修路也才不會停滯不前。

認識錢大哥後，我開始了全省跑透透去會靈、跑靈山，這也應驗了當時台北慈惠堂五府天君的一句話：「日後會有機會接觸靈山派。」

我跑過許多仙山、聖地和廟宇，印象最深刻的是，到新竹五指山玉皇宮上的盤古老祖廟。我對「盤古」的印象僅停留在祂開天闢地，死後「首生盤古，垂死化身。氣成風雲，聲為雷霆，左眼為日，右眼為月，四肢五體為四極五岳，血液為江河，筋脈為地里，肌膚為田土，髮髭為星辰，皮毛為草木，齒骨為金石，精髓為珠玉，汗流為雨澤，身之諸蟲，因風所感，化為黎甿」，而那一日在盤古廟前訓體時，元神不斷做出高難度的動作，重複出現下腰成瑜伽中拱橋式的動作（後彎下腰，手撐地，墊腳尖），不僅如此，到後半段甚至將手拿掉僅以頭心頂地，一而再、再而三的高難度動作讓我極為難受，汗水不斷地從額頭、頭皮、胸前滲了出來，最後終於撐不下去而倒下，我一邊喘息一邊想：「為什麼別人不用這麼做，我卻要在這裡受苦？」

跟我一同前去的二姊說：「如果撐不下去就不要做了。」

我心想：「是啊！又沒有人逼我，我何必自尋苦吃？」但又立即轉換另一個念頭：「如果我連這一點點苦都吃不了，將來要拿什麼靈修經驗分享給他人！」

再次放鬆後，馬上就是一個下腰後彎的動作，接著我又僅用頭心頂地。沒多久，我的雙腳自動墊起腳尖，雙腳漸漸往頭心處靠近，感覺整個背部快要呈現圓形。在酷熱的午後，汗水早已濕透全身、滲入廟前水泥地，天生貧血的我已經感到頭暈疲累，體力漸漸不支，幾度想放棄，但元神力量卻再度讓我做出高難度的動作。我不明白為什麼讓我一直做這動作？

一次靈動時，我終於忍不住提出疑問，為什麼自己要做這些比別人高難度的動作，祂們告訴我：「每一個人都是唯一，你是你，他們是他們，為什麼你一定要拿自己與他人比較。你身體不好是現實，訓體主要的功能是改善你的身體狀況，一個沒有健康身體的靈修人，日後又有何資格向他人分享靈修的好呢？修行一切都要從自己想起，不要怨天尤人。」

為了此事我曾大哭過，為什麼我要受這麼大的苦？我並不想走這條靈修路啊！啟靈後，這一路走來都不是我所想要的生活。我不想靈修、不想會靈、不想像其他人一樣，在宮廟前做一些沒有意義的動作，口中講著聽不懂的語言，對於一個喜好佛法的我而言，這一切都只是無聊又空洞的靈修方式。

錢大哥對於我心中的怒吼，只送我一句話：「不需要照著別人的歷程走，他們是他們，你是你，別人做的不一定對，你可以選擇想走的靈修路。」那我想走的路又是什麼？在那個時候我還沒有答案。

## 宗教其實是一種集體催眠？

至各地會靈最主要的功課就是「觀察」。觀察每一位會靈者在靈動時的形態是由元神帶動或後天靈的人為意識，然後再觀察每一間宮壇帶領靈修者的方式為何。錢大哥告訴我們：「當你瞭解人性後，對靈修才能精進，靈修本就與人性息息相關。」這席話點明了「一切事在人為」的重要性——它們扮演的角色是「輔助」我們，卻無法左右影響人心。

我相信仙佛的存在嗎？我相信，但我更相信——祂們的存在，是因我們虔誠的心念而產生。靈修一路走來，除了相信祂們的存在的價值，也讓我更加瞭解回歸人性的重要性。

早期我很少接觸其他靈修團體，不曾仔細觀察別人靈動的狀況，開始跑靈山會靈後，才真正見識到所謂「光怪陸離」的靈修方式。

## 一模一樣的靈動動作

在宜蘭三清宮[1]廣場前，穿著同為白色制服的十多位師姊，不斷做著相同的靈動動作——在旋轉中舞動雙手。

錢大哥告訴我：「他們已經被自己的心境困住了。」

何謂「心境」？當一群人做著相同動作時，尚無法自主靈動的人，看著他人動作以為這就是靈動，便會受到影響。氣場與心念是會互相吸引、受影響，就算原本不想轉動的人，動了念想與他人一樣，潛意識中也會不自覺與其他人

[1] 道教總廟三清宮是靈修者必去的會靈勝地，供奉著道教位居無極界最高三位天尊：玉清元始大天尊、上清靈寶大天尊、太清道德大天尊（老子）。

做著相同的動作。或者，有些人原本只是單純的氣動而非靈動，當心中升起比較心：「這有那麼多人在看，而且團體中的其他同修都靈動了，自己不轉不是很奇怪嗎？」心動了念，自然而然靈動就會和大家都一樣。

我反問錢大哥，如何知道在一個團體中，有哪些人非啟靈自轉，而是後天意識在轉？他回答：「每一個人靈脈出處不同，元神所修習的功法亦不相同，靈動中不可能全部二十多人都是一樣的動作，更不可能動與停都是在相同時間。」

那又該如何分辨呢？錢大哥回答：「要觀察他人與自己，靈動的動作千變萬化，假使一個動作在一小時內不斷重複、沒有變化，或者每次靈動的動作都相同，就表示已陷入靈動的迷失當中而不自知。」

在試著觀察他人之後，我驚訝地發現，從南到北的會靈聖地中，從一般宮壇出來的同修，在訓體、會靈時，大多是清一色的動作。

## 元神原來如此脆弱

在南投地母廟供奉的玉皇大帝、盤古老祖、鴻鈞老祖前，一群穿著唐裝的靈修團體前來，完全沒有先行禮拜，便開始匆忙地靈動起來。前面那位年約四十出頭的師姊應是堂主，她的動作是雙手不斷地在頭前旋轉、比著蓮花指，其餘十多位男男女女、年輕年老的弟子，動作皆與她如出一轍，但有多位眼神中透露出一絲絲的質疑與不解。

我可以很明顯地看出，他們並非真正元神甦醒在靈動，只是跟隨他人依樣畫葫蘆罷了。瞎子吃水餃，大家心中都有數，但又有誰敢承認自己其實並沒有在靈動呢？聽來可悲，但這是人性作祟下的結果。

同樣在地母廟前，有一個胖胖的師姊，從她與其他人的互動上看來，她應該是宮壇的帶領者。她在十多分鐘的靈動中，不斷重複著繞圈圈、雙手不斷在胸前比劃的動作。過一會兒，她開始帶領其他弟子靈動，與她一模一樣的靈動動作在弟子身上出現，被她帶領過的弟子再引導其他後進弟子，一個引領一個，相同的靈動便如此蔓延開來，這群弟子就這樣與這位師姊做起了相同的靈動動作。此時我才驚覺到：元神原來如此脆弱！在後天意識不自覺之下竟如此容易受他人影響。但，他們是唯一的特例嗎？

## 自我催眠

假使靈修團體是如此，那個人的自修呢？

一位年輕女性在大太陽底下靈動，依然是轉圈圈、雙手比著蓮花指。十分鐘、二十分鐘……，她依然在大太陽底下做著重複性的靈動。

錢大哥這時走過來告訴我：「她已經被自我催眠了，帶元神而被催眠的人，就算靈動一整天也不會累，由此可見催眠的力量是如此神祕與龐大。」事實證明，那位女子直到我們離去前，以相同的動作靈動了二小時之久。

一位女性友人問我為何會如此，我回答她：「因為後天意識沒有去思辨自己靈動過程的意義何在，這是是放任元神意識所造成的結果！」

從開始跑靈山這六、七年來，已經看過上百個靈修團體、宮壇，上演了一齣又一齣相同的戲碼。看境但不入境，藉由發生在他人身上的事情來反省自己的心性，我認為，像這樣不斷地透過靈修路上的種種異象反思自己，是走靈修者應有的基本心態。

## 與太上老君的一世緣

某一年，錢大哥帶著我、小相和他的家人，完成一趟東台灣會靈之旅，我們在兩天裡走過了宜蘭三清道祖廟、花蓮慈惠堂，再繞至中橫回到台中。那晚在慈惠堂前，有一個念頭從腦袋鑽了出來：「我的前世是什麼？難得來到這地方，怎麼不趁機請教堂上的三清道祖？」一待心靜下來沒多久，訊息進來了：「幾千年前，天界發生一場天與魔的激戰，在那一世，你曾代替太上老君迎戰。」一有一幕畫面從我腦袋湧現，一名古代戰將拿著戰戟領著一群天兵天將從天際向下急衝。

這是一個完全出乎我意料之外的訊息，我從來不曾有過這樣的念頭，我向錢大哥請教這訊息的準確度，他反問我：「懷疑自己嗎？」一時之間我竟無法回答。我再將訊息重複一次給錢大哥，他一陣沉寂後只回了一句話：「應不是用『代替』這個字詞，太上老君是一位多麼崇高的仙尊，一般元神的靈格是不可能代替祂老人家，應該是受派於祂才對。」

事後，針對當天所接收到的訊息，我再次向錢大哥詢問此段訊息真偽，他告訴我：「那是一段激起你內心精進心及探尋本身脈源的訊息，如果你未思辨、未再調查訊息，你就會走向失敗了。『靈修路上的失敗』不是即刻，而是一點一滴的累積，因為盲目地聽從訊息或前人之言，忘了思辨及事後印證，如此『盲目心』便是導致日後靈修路上無法精進的絆腳石。」

我反問錢大哥，究竟自己該如何做？他回答：「若此段訊息真與你有關，就應再反查與訊息內容相關的種種，例如：訊息是何人所給？當時你與太上老君之關係為何？今世與太上老君的關係又為何？激戰又是何事何因引起？但我必須提醒你，此段訊息已有偏差了。」

偏差？我不懂！錢大哥說：「太上老君是何等地位，你又如何能『代替祂』，代替是指平起平坐才有代替，此世我們的元神靈再高，也不可能列榜無極殿之仙佛同位，這不是貢高[2]了嗎？與其說是代替，若說是『指派』不更為恰當嗎？」

錢大哥一言再次點醒我「一切以後天靈為主」的重要性。在靈修路上所接收到的一切訊息，都必須再經我們從各角度去思考、判斷，一切不合理的事情都必須再經印證，這不僅適用於靈修，在生活修上亦是如此。

## 是人性還是瘋子

會靈、走靈山的日子裡，看過的異象實在太多了，有人是在五母的廟宇前大聲哭喊：「阿嬤……我回來囉！」有人是因外力啟靈，導致元神呈現不穩定情緒而哭泣。

[2] 自大、傲慢之意。

在新竹仙山九天玄女廟前，我親眼看過一個五歲男娃兒手插背後、口中嚷著靈語，一步一步從山下走上來，背後跟著的竟然是他的父母親，彎著腰必恭必敬跟在小男娃兒身後，幾乎是把小男娃當成神一樣看待——宗教力量是如此強大，大到可以忽略了人世間的親情和應有的基本倫理。

靈修盤3的盛行，讓許多原本以神明降體的乩童，也不得不順應潮流，從訓乩轉為靈乩4，這種現象在台灣宮壇裡，算多見而不奇怪。靈修結合乩童之下，自然而然也出現了許多光怪陸離的現象。乩童可以轉為靈乩嗎？可以，但很難，原因出自於人性。

我看過一個老乩童帶領一群靈修者在訓體，從老乩童的腳步、手路來看，是濟公的乩身。這位老乩童的帶領方法，是在前面不斷地講靈語，時而配合唱誦靈歌，但過了一會兒，這位老乩童竟然變成濟公，一手拿蒲扇、一手拿無形葫蘆酒狂飲！可能老乩童自己驚覺吧，臉色大變後馬上又退回後天意識，眾子弟都沉浸在當下，而沒有察覺老乩童剎那間的轉變。

錢大哥告訴我：「這也就是為什麼乩童當久了問事會不靈的原因，人的意識常常處在虛擬與現實之間，當神明沒降駕時，後天意識也會出現神明的影子。」

3 早期台灣神明辦事以解決民生需求為主，例如健康、捉鬼等。王爺、三太子、媽祖、觀世音、關聖帝君、濟公……是屬於辦事期的神明，當時稱王爺盤、濟公盤等。現在則稱為末法時期，瑤池金母降世，希望能引導人心，引渡更多龍鳳兒回去，此稱為母娘盤的靈修法。

4 以元神意識辦事者稱為靈乩。不同於傳統的乩童，靈乩並不會讓外靈借體辦事，而是以元神意識轉換仙佛訊息來處理個案問題。

一位就讀國中的小男生問我：「靈通可以用來猜樂透嗎？」他告訴我，在網路上認識了某位女性通靈老師，她透過網路視訊教導通靈方法。有一次，女老師請他以直覺猜下一期樂透的號碼，他不解為何要猜樂透號碼，她說這是訓練直覺力的一種方式，還特別叮囑他這是他們倆的祕密，不可向外人洩密。

小男生對此事感到不舒服，有意想要離開這位女老師，詢問我應不應該，我告訴他：「她是你找的，離開與否不是應由你自己決定嗎？」當下我只有一個想法：丟掉「通靈」兩字，那位女老師也只是一個女網友，她的意圖已經很明顯，觀念也有所偏差，又何必在意她是否會通靈呢？

有一位靈修人告訴我，家中拜的一尊神就是他自己的元神。哇！第一次聽到這麼神奇的事，人還沒死就可以放在神桌上供奉！他告訴我，他的靈修老師告訴他，他的元神名稱是╳╳╳，甚至告訴他元神的樣貌，所以那元神神像是按照他的靈修老師所言雕刻而成。他的靈修老師還告訴他，走靈修要修自己的元神，所以一定要知道自己的元神是什麼、拜自己元神才會自在。

聽到以上這些話，我是外表鎮定內心卻感到好笑，人死才當神，有「人還沒有死就當神」的道理嗎？元神只是我們內在一個靈識，從未曾聽過靈修可以修到如此荒腔走板的地步。這位靈修人來找我的原因，是因為他想瞭解此世是否帶「辦事令」，我很想回他：「你的元神都放在桌上拜了，你怎麼還會問我這種問題？」此舉就如同台灣一個自稱╳╳活佛一樣，他的信徒、弟子為他建蓋的廟宇裡，供奉的佛陀竟然是這位╳╳活佛的雕刻像。

曾聽過另一個靈修方式：每一位弟子在靈動時都是面對面坐著，而且身上都必須再綁上一條紅線。我問這位靈修人，這紅線的意義是什麼?她告訴我，綁上紅線元神才會牢固（靈自在），日後走靈修時才不容易受到其他人事物的影響。我聽到實在很想笑，很想回她：「那要不要戴一頂紅色安全帽，這樣出門元神才不會被其他鬼魂、妖怪撞到？」

在宜蘭三清道祖總堂時，曾聽過一位老師跟他們的弟子說：「打坐時要小心，一定要選靠壁的地方，慎防別人從你們後面走過，把你們的元神帶走。」這番話聽在耳裡不禁令人臉上三條黑線。道術、道術，是道德與術法的結合，一位能力高深的靈修者，其品性一定也非常謙虛，不可能做出這種事。以訛傳訛、未經思辨的內容，又如何當真?換一角度，元神並非一個活生生有思考能力的靈體，它只是我們內在潛意識的顯現，外人如何能把它帶走?

聽過「因果業力」找人代扛嗎?一位其他宮壇的林師兄在與自家宮壇的人閒聊時，表示宮裡另一位金師兄曾拿許多花生分給信徒、弟子吃，這位林師兄認為金師兄此舉不軌，拿花生向神明擲筊叩問金師兄此舉何意，神明表示，「金師兄是透過花生將本身的因果業力分給其他人。」林師兄向大家說金師兄意圖不軌，竟然做出這種事。

一顆花生竟然可以分擔自己的因果業力，假使一個人千世萬劫所做下的「因果業力」，可以靠一顆小小花生分給眾人，那這位金師兄的能力遠勝過神通第一的目犍連尊者，甚至是佛陀了。

佛陀曾言：「再大神通抵不過業力。」亦曾言：「我不能滅度眾生[5]。」「眾生皆具有佛性，也唯有自己可以滅度。」佛陀弟子目犍連尊者亦曾想透過神通拯救釋迦族的族人，仍無法順利達成，他老人家本身亦難逃前世所造之業而死在亂棍之下[6]。

## 開宮後才知下不了台

我認識一對年輕的靈修夫妻，初期老公因接觸宮壇而啟靈，老婆則是隨著老公跑宮壇後也啟靈，那一次與幾個同修、錢大哥、他們夫妻二人去嘉義的半天岩紫雲寺會靈拜拜。第一次看到他們夫妻的會靈狀況，雖與一般靈修人沒有



[5]「滅」：除眾生之煩惱。「度」：了脫眾生死輪迴。

[6] 有一群外道花錢請盜賊殺死目犍連尊者，尊者見盜賊前來，運用神通逃出數次，後尊者受過往所造業阻遏無法施展神通，盜賊活捉尊者並擊碎骨頭將屍體丟棄一旁。尊者往生後現異象——全身散發莊嚴光芒，光中現神獸。事跡敗露，當地國王派兵捉起五百外道及盜賊，丟入土坑上焚稻草，死後再以鐵犁粉碎骨頭。眾比丘得知後向佛陀詢問此事前因後果，尊者德高望重、悟道甚深，為何仍遭此惡劫。佛陀開示：尊者今世之慘死與他前世所造殺父母之業有所關係。

太大差異，但因為元神意識已經懂得向紫雲寺主神叩首，又能夠接收高靈訊息學習靈動功法7，據說是許多宮壇熱門的搶手貨8。幾次相處下來，我發現他們夫妻除了元神覺醒程度較一般初啟靈的靈修人高之外，因為還無法將本身所講出來的靈語翻成白話，也無法看懂自己與他人所書寫的天文，對於本身的元神、靈脈依然是不清楚，其實稱不上真正與元神意識合一。幾年後，聽說他們在會靈時接到瑤池金母的訊息要他們開宮辦事。順意「神旨」之下，當然他們也樂得開宮辦事。

初期看似風光，然而除了每日宮壇固定的開銷之外，隨著弟子每日俱增，各式各樣的靈修問題才是真正令他們感到頭痛的事。他們未精進實修研究靈修真正的含意，對弟子的靈修疑問通常只能含糊帶過。靈修的教導不同於傳統的乩童法9，當本身無法元神覺醒合一時，又如何教導其他人靈修？遇到問題後，他們就回頭請錢大哥到他們宮中幫忙，但礙於宮主的身分，錢大哥的忠言他們聽不進去，為了在弟子面前保住他們的宮主地位，對於弟子的疑問錢大哥也不方便講太深入，去過幾次後就漸漸與他們疏於聯絡，最後他們只能帶著弟子四處去別的宮壇會靈、請益。聽到這裡覺得這對夫妻檔實在是可惜，假使他們願意好好實修，又怎會走到開了宮壇後才下不了台的局面。靈修是一門自由

7 隨著元神覺醒程度不同，元神接收到高靈所指導的靈動功法亦有高低，從靈動功法可看出靈修人實修及元神覺醒程度。

8 靈動時可變化多種功法，或是元神意識已懂得為他人收驚、靈療，在宮壇中便會被堂主或師兄姊視為寶，有些宮壇也會主動邀約這類靈修人到自己的宮壇修行、辦事，除了希望讓信徒以為此人是堂主帶出來的弟子，增加向心力，至各處跑靈山會靈時，也能讓其他宮壇見識到其宮壇的靈修能力。

9 早期宮壇是以乩童辦事為主，因應所謂末法時期到來，許多人的元神因機緣而啟靈，靈修法不同於訓練乩童的教導方法，但有許多宮壇仍傳承傳統乩童法來教導靈修人。

心證的修行方法，好壞只有自己知道，在這個領域中充斥著因虛榮心作祟而「提前開業」的靈修人，他們兩人絕非是個案。

另一個案例發生在中部某個頗具規模的宮壇，其老師常常誇口堂內主神九天玄女神通廣大，甚至向信徒表示，九天玄女曾陪他去香腸攤玩擲骰子，而且每玩必贏，讓他的信徒、弟子聽得一愣一愣的。站在旁觀者立場來看，堂堂列居五母之尊的九天玄女，竟會閒到陪一個默默無名的人去香腸攤擲骰子？這位老師常自誇自己的辦事能力，但遇到靈修上有不解之時，還帶著眾弟子、信徒到中部各家知名宮壇問事。聽到此事，除了感到不可思議，對於信徒不經思辨、盲目追隨「老師」的心態亦十分不解。「當感性多過於理性的時候，就很難看見事件的真相。」這句話不僅適用於政治，在宗教上更是如此。

走靈修的人多少都接過無形的辦事令、開宮指示，我在二十多歲時也接過無數次辦事令，神明指示要我開宮辦事以完成今世的任務，當我興沖沖向錢大哥告知這段訊息時，他淡淡地回問我：「你自認有能力扛起一間宮壇的責任嗎？你已經有能力解決信徒全部的問題了嗎？你是否已經真正瞭解靈修的含意了？」一原本火熱的心被他的一席話澆熄，等靜下心來後好好想一想，接到辦事令、辦事指示的訊息，誰不會被沖昏頭啊，真的會誤以為能力受到神明肯定後蓋上「正字標記」。宗教與玄學本來就充滿了矛盾，訊息本身有真有假，是考驗還是真實？是內在慾望的顯現還是高靈指示？話再說回來，辦事不力所要背負的責任與面子，最後還是我們要去面對，而不是供桌上的神明。真正的修行不該受外境、高靈訊息影響，而是經由後天意識的判讀和自我審視才對，靈修路上的真正的主人——其實就是自己。

## 太相信老師反而壞事？

高師姊的名字常在錢大哥那聽到。傳聞她是觀音法門中帶旨之人，傳承於觀世音菩薩本尊之靈脈甚深，元神靈格極高。當高師姊轉換元神意識時，呈現的體態會散發出一種慈悲、祥和的氣場，凡來自於觀音脈的元神、覺醒程度高的靈修人，皆會被她元神所散發的慈悲氣場感動。高師姊與錢大哥初見時，轉換為元神意識、雙手伸出來與錢大哥雙手合掌。一合掌高師姊便無法自禁地淚如雨下，為避免堂裡眾多信徒、弟子見到窘狀，她連忙回到內房不敢出來。

這樣的狀況令我感到好奇，錢大哥告訴我，高師姊後天靈（本人）極愛杯中物及抽菸，當弟子、信徒好言相勸，她會以「不喝酒無法辦事」為由推諉。

生活中，高師姊有些財務問題，常藉宗教、宮壇名義向信徒、弟子們要錢，例如祭改、超渡冤親債主、赦前世惡業因果等。高師姊的元神雖具極高靈格，但無法擺脫習性，當她的元神見到大哥清靜實修的元神時，不禁感慨良多，才會有此狀況出現。

多年前，在錢大哥與高師姊熟識後，他秉持著同修難尋、互持同修的心，幫助一心想開宮辦事的高師姊籌辦宮壇、打點裡裡外外全部的開銷，另外原本跟隨錢大哥的兩位師姊也加入協助高師姊籌辦宮壇的行列，隨著宮壇的完成，才發現高師姊有一些令人無法苟同的行徑。說穿了，也就是一些宮壇主事者常利用來招收弟子與營利的慣用手法，比如祭改、改運、補財庫、冤親債主、卡陰、超渡祖先靈、感情和合、制煞等。對以上作法錢大哥雖然不甚認同，但仍尊重高師姊個人想法，但錢大哥言明，只要高師姊不動歪腦筋到跟隨他的兩位師姊身上，以上種種他不過問，也不干涉。

但到了最後，高師姊還是動腦筋到兩位師姊身上，一位心性較單純的師姊在她的慫恿之下，瞞著錢大哥拿出幾萬元，在高師姊宮壇內做了一些祭改儀式——紙包不住火，再密的雞蛋總有縫，錢大哥知道之後，便很少與高師姊來往了。

一日神明祝壽，多年不相往來的高師姊突然出現在錢大哥家，年紀大約五十上下，清瘦身材，其他師兄姊也大多認識她，不知是否因為過去的關係，這天的神明祝壽，透露出一絲絲弔詭氣氛。

全體舉香祝壽完畢後，師兄姊各自轉換元神意識向堂上神明祝壽，待我轉換元神意識向神明祝壽，便與高師姊的元神有了感應，就在高師姊向我舉起左手、示現她觀音脈的法印，我元神接下來的動作出乎眾人意料之外，它停止了一切動作，搖了搖頭，我心中閃過一個聲音：「只有形而無『法』的法印，如何能稱為法印呢？」

我元神的反應令高師姊感到難堪，她仍手舉法印說：「注意看，你注意看。」我（元神）還是搖頭，表示一切為虛幻形式而已。高師姊後來想以元神強壓我，希望收服我這個「駝背馬」（台灣古話，便是指難馴服之人），但我元神再度向高師姊表示，真正的手印應要透露出元神對於法的瞭解及能量，而此能量來自於修心和精進心，當下我沒有看到法印有任何法相。我（元神）搖了搖頭，以靈語告之：「我不是妳堂下弟子，妳應該反省妳是否仍以外形來教導弟子。」

待轉換後天靈後，我向高師姊賠上不是，對於剛才一事，我深感抱歉。高師姊不愧是一堂之主，有大肚量，表示無須罣礙，但我卻一直耿耿於懷。或許高師姊覺得再待下去，與我們之間也不會有太多互動吧，拜壽完後的訓體功課結束沒多久，高師姊便向我們拜別離去。

方才的行為雖然非我所能掌控，但是對出現這樣不禮貌的行為，我還是感到不安，錢大哥、大嫂還有其他在場的師兄姊都沒有人開口表示意見，我心底不明白：為什麼沒有人責備我？事後，我還是開口向錢大哥、錢大嫂表示自己心中的不安。「那不是你的錯，你不用放在心中。」錢大哥的回答反而令我有點錯愕。

不是我的錯？那是誰的錯？我對一個長輩如此不尊敬，身為一個晚輩，這樣的行為難道不應反省嗎？

「元神在相會時，它們僅對事不對人，只有人才會在意對方的外表、性別、年齡、頭銜，靈是不在意這些東西的。彼此在會靈之時，必須丟掉外在種種設限，如果心中還是在意對方外在條件，那麼，你在靈修路上就不可能精進。」

脫掉外在條件？對於當時年紀尚輕的我而言，一時之間腦袋轉不太過來。

「你元神剛才的行為，純粹出於訓體時所做的會靈功法，高師姊因後天生活影響心性且靈修上無法再精進，導致剛才與你會靈時，無法順利轉靈帶領你的元神，你元神的言行也是在告知高師姊在靈修上已經退步了。」

錢大哥的一言，才讓我多少有一點瞭解其中的奧祕。

「靈修路上最忌諱把前人當老師，同時也忌諱把自己當成老師。」我不解為什麼，錢大哥進一步分析給我聽，「靈修路上沒有老師，真正的老師只有自己，只有自己才能帶領自己前進、跳脫輪迴。你把一個人當成老師，那位老師可能在某天被自己的心性擊敗，而你卻渾然不覺；或者，你一輩子都只能在他的後面，無法超越他。今天一個良師，會鼓勵下面的人必須勝於他、精進於他，也唯有如此，當這些人都精進於他時，原本的老師才能再以學生為學習目標，更加精進啊！」

唉啊！聽到錢大哥所言，我剎時全身起了雞皮疙瘩，「人性如此複雜」，我們選師選人又如何能不謹慎呢？我於是再問錢大哥，為何不能以「老師自居」呢？

「自居於老師就是失敗的開始！當一個人以老師自居時，就容易產生貢高之心。貢高就不太可能再精進，貢高也可能產生分別心，這種分別心會有一種『你是學生我是老師，我說的就是對的』的態度出現，當一個人無法再接受別人的指責與善意的批評時，就不太可能再精進。謙虛才是精進心之最根本，當你愈是瞭解靈修，你會發現自己所懂的不過是皮毛而已，只有不懂靈修深奧之處的人，才會以為自己已瞭解全部。靈修路上，只有進步和退步兩種，絕不可能原地不動，你的心有可能不動嗎？不可能，只有保持不斷的精進心，才有可能不受外境影響與干擾，靈修法門也是如此。」

多年後，我在北中南規劃一連串的靈修課程，主要是分享靈修的觀念與經驗。在與學員的一場互動中，我才見識到當信徒相信一位「老師」時，原本對於事件判斷的理性竟然在剎那間蕩然無存。

「假如我在桌上擺一排金紙，告訴你：買一付金紙一千五百元，在月圓的晚上向東方朝拜後燒化掉，有助於你消除累世業障和赦過去世惡因果，你會買嗎？」

課程中，我突然這樣問了其中一位靈修學員，他可能沒有預料到我會在課堂中突然問這個問題，怔了一怔，過了一會兒才緩緩地回答：「可能會想一下吧！」同樣的問題，我馬上再轉向問一旁的兩位學員，他們狐疑未決，過了一會兒，才回答：「會吧。」

我笑笑地告訴他們：「別傻了，你們不可能不買，因為你們太相信我了，所以你們一定會花一千五百元買下來，而且還會深信不疑。」學員聽完大笑。

「幾次的課程中，我從來沒有教你們：燒金紙赦因果、拜神求靈通、點靈認主等等，為什麼我剛才那句話就把你們問倒了？主要原因就出在於你們很相信所謂的『老師』。」學員點了點頭。

我告訴他們：「今日的老師不等於明日的老師；今日的老師沒有對女學員有不禮貌的行為，但不代表明日的老師不會。今日的老師與你們沒有利益往來，但不代表明天老師不會從你們身上得到利益。」

我指了指每一位學員：「你們的心都隨時在變了，為什麼會相信今日的我不會變？就算今日有一位老師跟你們說他已悟道、修行成果、所通之神，那也只是他個人的說詞，你們有真正看見嗎？不要輕易相信未經自己體悟的事物，靈修的難修之處就在於人性與人心。靈修絕非僅限形式上的會靈、靈動，假使盲目地追隨老師，有一天，這位老師的心已偏頗了，卻因學員盲目地相信而忽略了思辨，自己的心也會隨著老師偏頗而不自知。」

你餓了！一直盯著別人嘴上的麵包會飽嗎？你很窮！看著別人的錢包會有錢嗎？你渴了！看著別人手上的飲料會止渴嗎？學習與思辨不要拘限老師的外

相，不要忘了，「老師」也是人，他人的東西永遠是他人東西，絕不會跑到我們身上，「觀察」一切萬物和「靜心」中所得的心得，才是自己的。

## 終於看見自己的元神

一日在錢大哥家訓體，元神意識帶領我操練著拳法，有時威猛有時又宛如太極拳，修習功法時，我會特別將專注力放在呼吸上，如此才能讓意識不受外境影響。

隨著功法的變化，後天意識漸漸融入至元神意識當中，我依然可以感受到肉體的存在，但彷彿中又進入到另一個空間裡，意識與肉體產生了微妙的距離。這時功法突然轉變，我趴在地上不斷地發出一陣又一陣的鳴叫聲，發聲處不是喉嚨而是在頭頂，鳴叫聲時而在頭頂縈繞，時而又貫穿整個佛堂，我開始以低吼聲喃喃著一陣靈語，雖從未有過如此靈動經驗，但心識裡可以清楚知道我所發出的是龍聲。

這時，一隻龍清晰地示現在我眼前，但祂的下半身卻不是龍身，而是穿著古代華麗的官服，祂的下巴留著一大坨白色龍鬚，龍頭上卻不同於一般所見的二根龍角，在頭頂處還長著一根龍角，一個感覺直入我的心識：「祂超過三千五百歲了。」我想再進一步仔細觀察，一轉眼工夫，祂便消失不見蹤影。

當下我很清楚，它即是我，而我就是它，幾年靈修下來，許多跡象已經一再地印證它的形體，而與錢大哥初次見面，他便以長輩直稱我的元神。

每當轉換元神時，元神所呈現出來的態度是令人感到嚴肅與不可親近，這種轉變，也在這幾年逐漸地影響我原本輕浮的個性，錢大哥曾說，當元神覺醒時，它與我們會融合成一起，元神也會修正我們天性。這也讓我同時想到，為何以前與水的因緣會是這樣深，只要接觸水就會發生意外。

回首前幾年，多次以訓體功法與他人會靈時，大多會轉以龍體的樣貌呈現。我將心中疑問向錢大哥求證，他依然以一貫的口吻告訴我：「如果你還有疑問，表示你心中還是不確定，『踏實感』不是透過別人口中，而是從內心徹徹底底地覺知。」但是，這一次我非常確定它與我的關係。

猶記多年以前，一位走靈修多年的遠房親戚，曾經在我身上無意間看見與我今日所見一模一樣的景象，她不是很確定地告訴我，說我的元神應該是一隻龍。在當時，我只是把她的話當做耳邊風，我從來不認為自己是龍來轉世，更何況是在無從印證她所說言的情況下。今日，我才真正體悟錢大哥告訴我的道理——走靈修務必以印證為主，別人說再多都只能停留在表面，無法深入我們的內心。

我與沖沖地向錢大哥描述方才的情況，以為他會為我感到開心，想不到他卻平靜地說：「這麼多年過去了，現在才知道是否有點過晚。你是我們六個人當中，最聰明同時也是最認真的人，但聰明與認真並不代表實修，修行不是用盡大腦鑽研，而是要讓思緒與情緒平靜下來，好好觀察人事物。」他接著告訴我，瞭解自己的「元神」樣貌後，就要放下，千萬不要放在心上，放在心上就會產生另一個阻礙，「你還不算是真正的元神覺醒，假使有一天你能查到自己的主神靈脈和過去世的種種，這才算是真正的元神覺醒。」

瞭解到元神原貌，感覺到開心嗎？興奮嗎？我的心境倒是挺平靜，在靈修的路上，我學到的是莊重、成熟和一顆虔誠心，一路走來對「心」的磨鍊，已在靈性與生活之間取得和諧與平衡狀態，將我這年紀應有的輕狂磨得沉穩許多，心念也比一般人平靜。靈修與生活息息相關，大哥也藉此告訴我：「透過生活的磨鍊，不斷觀察人事物，提升內在的成熟度，當我們對人世間的種種能夠跳脫一般市俗的思維，這時靈修的心才能精進。」

或許此時我已經對於靈修有了不同體悟了，錢大哥告訴我，靈修是靈魂之修，也是一種意念的修練，真正深入後才會發現，其實我們反而更難去瞭解它，因為它似乎令人更加難以摸透了——靈修是一門沒有答案的修行，是與非、對與錯，都是存在於我們自己的觀念、想法中。

有人想要開宮辦事，自然就會顯現辦事旨，而真正的考驗是在辦事後才開始。有人走靈修想一睹仙佛容貌，意念帶動元神，他們就會在夢境、打坐中看到仙佛，元神便會幻化各式各樣的仙尊，與我們後天靈溝通，甚至還會訓示我們、教導我們。有人想要以靈修達到神通力，總有一天他們一定具有神通力，可以知道過去與未來、看到無形眾生等等，一切都是他們心念所產生的結果。

靈修可怕的地方是，當我們「無意識」種下任何心念，心念會深植在元神意識當中發芽、茁壯，甚至進一步左右我們的生活與思緒。為什麼有人走靈修走到後來會分不清楚是元神意識還是仙佛？是受他人影響還是自我內心左右？嚴重的話，還有人因此精神崩潰而住進精神病院——而最後是否能順利成長或半途出局，關鍵就是踏入靈修時的那份初衷。

故事背後

# 不受他人左右，不隨他人起舞

在我的觀念中，宗教存在於人心，善與惡皆是人心所致，與宗教無關，刀子是便利於生活或殺人奪財，決定權不在於刀子本身，而是使用者的心念。

我曾在網路上成立家族，分享啟靈路上的經驗，並抒發一些個人對靈修、玄學的淺見。沒想到無心插柳柳成蔭，點閱率在半年之內節節攀升，相當有人氣，但是因理念、觀念不同所引起各種光怪陸離的事件，自然也就在所難免。然而，在靈修路和生活中，本就處處藏有值得思辨的智慧，與其說是誘惑，倒不如說是人生百態、也是無常，能時時觀察、思辨靈修路上的「無常」，便能生起內心的智慧，你所要做的，只是保持一顆覺醒心。

看過一本關於通靈人的書，作者提到此書是瑤池金母要求她所著，她提到自己曾見過九天玄女，當時九天玄女正在捉拿一隻白長毛覆蓋全身的妖怪，「九天玄女對妖怪言：『蒼天有好生之德，盼汝放下嗔恚心，脫離心苦，無垢無穢永常樂。』說罷，便對妖怪施以甘露及念誦六字大明咒，之後，妖怪便被四大天王帶走。」此書作者一再言明是真人真事，但以「後天判斷」此段落內容，已有二處不合情理。

首先，九天玄女又稱為道母，許多道家術法由祂傳承，為何祂捕妖卻口持六字大明咒？六字大明咒為觀世音菩薩之心咒，九天玄女怎不運用本身的道術與咒語，或者道教之淨天地神咒，反而使用其他仙佛的咒語呢：

**淨天地神咒**

「天地自然　穢氣分散　洞中玄虛　晃朗太玄
八方威神　使我自然　靈寶符命　普告九天
乾羅怛那　洞罡太玄　斬妖縛邪　殺鬼萬千
中山神咒　元始玉文　持誦一遍　欲病延年
按行五嶽　八海知聞　魔王束手　侍衛我軒
凶穢消散　道氣長存　急急如律令」

至少常理判斷九天玄女不太可能念其他仙佛之咒語。

其二，九天玄女之法器為劍與拂塵，怎不見祂拿自己法器對抗妖怪，而是拿露水？雖然無法判斷事件的真偽，但就後天判斷實有所不合情理之處。

靈修路上亦是如此，許多事情的發生都必須再經印證與思辨，有一句話說得很好，「盡信書不如無書」，另一句話是「唯有體悟、印證才能安自在」。

內心的缺點，往往會在靈修路上變得更一覽無遺，不要放過任何問題。一個懂得真誠面對自己心性、盲點的人，才不會在靈修世界的大染缸中受他人左右；將注意力從外在轉移內在，意念便不會隨他人起舞而不自知。

## 前世因緣&現世糾纏，仙佛轉世不能保證比較強

只要有人的地方，就一定會有流言蜚語，初啟靈時沒有接觸宮壇、道場，選擇以自我修行方式精進靈修，除了瞭解宮壇裡龍蛇混雜，各式各樣的人都會有，另一方面是我的個性本來就不善廣交與應酬。

在錢大哥家約兩年多，小團體中的某人對我開始有了流言蜚語，認為我的靈修觀點是錢大哥所指點的，在網路上分享靈修看法卻未提錢大哥的存在。

多年來，心中對於錢大哥有許多的感恩之處，但他天性低調，擔心在網路上公開太多他的事情會引起不必要的困擾。乍聽有此閒言產生，我的心中只有

委屈，曾當面詢問錢大哥對此事的看法，他也只勸我一切自在人心，對與錯留給他人去評斷就好，不要因此事件而心有芥蒂。

但是，畢竟我也是人，又如何能吞忍得下去？當時我二十八歲，就職於台灣餐飲界的龍頭、擔任品牌企劃，龐大的工作量已經令我感到喘不過氣，又聽到原本為精神寄託的團體，流傳如此閒言閒語，心中的無力感油然而生，於是有了脫離團體、走向個人修行的念頭。

蠟燭兩頭燒的情況下，我選擇逐漸遠離錢大哥，既然未遇見他之前我就能不受他人左右探索靈修世界，今日在已瞭解正確的靈修觀念下離開他，相信日後的個人修習應不會有所偏差。或許錢大哥亦知我的想法，對於我的決定他沒有多說什麼，私下亦未曾打電話給我——他一切都尊重我的決定。

## 轉職流浪占卜師

離開錢大哥後，剛好看到某大學的推廣部，開了一門「塔羅牌初階班」和「哈達瑜伽」的課程，於是決定學習一些從未接觸過的領域。兩個月課程結束後，受到瑜伽老師的鼓勵，隔年更報考了「中華民國瑜伽協會師資班」課程，許多資深學員看到我年紀輕輕、只學四個月就報考師資班，還能輕鬆做出許多高難度的體位法，皆感到不可思議。

由於走靈修這段期間以通靈的方式為人辦事，大大開啟了內在直覺力。上塔羅牌課程時，我的敏感度常常令在座的同學驚訝不已，他們常會問我是否已經是職業的塔羅牌占卜師。看著牌講出對方的心事、透過牌面預測未來，以通靈角度來看，塔羅牌不過是我接收訊息的障眼法而已。

既然學了，就要運用！塔羅牌課程結束之後，我便踏上塔羅牌占卜師的生涯。無心插柳柳成蔭，原本只是利用空閒時間為人占卜，並將解牌心得分享在部落格上，結果瀏覽人數也愈來愈多。

塔羅牌占卜師的工作非常多元，我自詡是流浪占卜師，只要網友一約，台北、新竹、台中、豐原、高雄都有過我的足跡。奧修在書中提到一則他與弟子之間的對話，弟子問奧修：「請告訴我們一些關於學習（智慧）的事情。」奧修回答他：「因為你問，所以我答，但是要記住，我一方面在回答，同時我也跟你一樣在聽。」在那段日子裡，不斷從生活中體驗更多真理，四處為人占卜、聆聽他人的親身經歷，我就像一塊海綿，不斷吸收別人寶貴的經驗，同時結識了許多各行各業的朋友，這是當初選擇短暫離開靈修、跑靈山所始料未及的事。此外我也發現到，當人生不再以單一角度看待宗教、靈修時，世界會更加開闊精彩！

我逐漸體悟到靈修必須建立在生活之上，生活中的點點滴滴無不充滿人生智慧，在靈修中觀察到人性對於宗教詭譎的依賴，在塔羅牌生涯中我依然看到人性的脆弱與對宇宙之間神祕力量的依賴。口中雖說捨棄了靈修，但多年來從靈修中體悟的真理，卻早已融入到生活當中，靈修介於宗教與生活中，法門不同，路徑卻相同，如何取得平衡端看自己的選擇。

## 與密宗的糾葛

二〇〇九年，部落格「心靈散散步，街角遇宇色」出現了一位網友，她留言表示有緊急的狀況想找我問事，我們便約在台北某茶藝館見面。

來見面的是兩位五十歲上下的中年婦人，她們希望我能為她們通靈問事接訊息，以瞭解多年前圓寂的密宗上師大概何時才會再投胎轉世弘揚密宗佛法。其中一位周師姊告訴我，另有一位同門師兄尚在西藏修法中，雖然他亦有通靈能力，但仍想透過我的通靈問事瞭解整件事的來龍去脈。

既然已有師兄會通靈，又何必找我呢？周師姊表示：每一個人專長不同，尚且師兄遠在西藏無法常常聯絡、瞭解圓寂上師狀況。上師圓寂前曾表示，在二〇〇八年會轉世投胎再傳承佛法，但二〇〇八年已過，上師卻仍未投胎，所以想請我問看看：何時才會再投胎？為何去年未投胎？錯過了去年，是否還會再選擇投胎？

我感到不可思議，怎麼會有密宗的朋友前來問事，內容還是密宗最重視的活佛轉世問題，我對密宗稱謂並不瞭解，看著上師的照片，已圓寂的╳╳札巴是一位德高望重的西藏喇嘛，看到這兩位師姊對上師如此尊敬，我對上師的尊敬自然是油然而生。

我再三婉拒此件問事的請求，因為倘若我接訊息的內容中有一句話與事實有所出入、偏頗，而圓寂上師今世所有在家、出家弟子都相信我，我豈不是犯下無法原諒的過錯，此事著實令我感到又為難又棘手。

兩位師姊請我放心，表示對於訊息內容僅抱持參考的心態，絕不會對外公開，為避免我後天意識有先入為主的觀念，她們會在訊息結束後，一一向我告知事情的來龍去脈。

禁不起兩位師姊的請求，我婉轉告知一切盡力而為，訊息真偽仍請她們務必思辨再三。待我闔眼靜心、後天意識轉為元神意識後，出現了如夢境般非常深遠的黑色空間，逐漸接收到上師從遙遠空間傳過來的訊息。我告訴她們，上師未在二〇〇八年六月投胎轉世，主因是全球局勢問題，如時機成熟應會在二〇一╳年再度來到人世間。

她們問我：「上師是否有表示下次投胎約在何處？」

「美國東部！將轉世於美國其中一位眾弟子家中。」

「在美國東部哪裡？」我對於美國地理位置完全沒有概念。

且看周師姊點了點頭，她肯定地答覆我：「紐約。」接著她才明說，上師圓寂前已表示會轉世於紐約繼續弘揚密宗佛法。

我心中一驚，她是來半考試半印證嗎？既然上師已於圓寂前表示日後轉世之地點，怎麼今日又來問我呢？或許還有其他原因才想先試探我的實力再做打算吧？

她告訴我，今天會前來找我，最主要是因為自從上師圓寂之後，傳承於上師衣缽的小師弟也終於結束了三年的閉關潛修，照理說應該要弘揚佛法與延續上師遺志，想不到佛心敵不過情關，小師弟因為一些私人情感問題，不僅中斷了修法，還讓一心護持道場眾師兄姊們失去了精神支柱，甚至對宗教變得不信任，想知道上師對師弟之行為有何看法：如果上師早知師弟有此情劫，為何當初又會選擇他來繼承衣缽？

## 神通難敵情關

陶師弟原本在美國的科技公司上班，上師在即將圓寂前三年便指示周師姊務必尋找到此人繼承衣缽。據上師表示，唯有陶師弟天生的根基才能傳承上師密法。苦尋多日後，周師姊終於在茫茫人海中找到了陶師弟。然而，年輕又是美國科技業的他，怎麼可能放棄優渥的生活，遁入空門當一輩子的出家眾？因此無論周師姊怎麼苦口婆心力勸陶師弟與上師結緣，他總是不願意。

上師圓寂的日子一天天迫近，眾弟子們心急不已，就在此時，電話響起，竟然是陶師弟主動與周師姊聯絡，表示願意剃髮出家。陶師弟的答應令所有弟子又驚又喜，上師密法終於後繼有人。

他果然也不負眾望，很快就有些微的成果，出關後先選擇在網路上弘法，希望透過網路無遠弗屆的散播力將密宗佛法發揚光大。然而，就在網站正式營運沒多久，一位劉姓女網友主動與陶師弟聯絡，表示她本身是一位具有靈通之人，劉小姐的無形師[1]表示陶師弟具有掌管陰陽兩界的能力，想傳授更高深的能力予陶師弟。或許每一個人心中多少都有一點「貢高心」吧，陶師弟看到劉小姐在網路上的留言，樂陶陶地接受此說法。

經過一段時日，劉小姐表示想要在台灣開一間密宗SPA館，要陶師弟將眾弟子護持他的費用拿出來。在劉小姐的慫恿之下，陶師弟還從美國匯了一些款項回來，讓她開設密宗SPA館。

日子一天天過去了，每當陶師弟問劉小姐確定開館之日時，她總是推三阻四，用各種理由表示SPA館因故延後。也許冥冥中早已註定，某日，周師姊無意間發現兩人私下往來的信件，信中竟以老公、老婆互稱。周師姊與陶師弟對質印證此事後，馬上將陶師弟與劉小姐互通的信件轉寄給其他眾弟子們，從那刻起，陶師弟再也沒有和其他弟子聯絡。

敘述完前因後果後，周師姊又請我代為詢問上師：陶師弟今世有此情關，為何上師會選擇他來弘揚密宗佛法並繼續他的衣缽？我闔眼靜心轉換靈識，上師的訊息很快地到來：

「一切皆是心性所至，上師確實知道有此劫，那是陶師弟今世所要面對的考驗（情關），考驗來自於人性，人性遇見因緣，會產生何種結果，人、

[1] 不具名的外靈（仙、神、鬼等），可稱之為無形師，例如仙、神等，可能是因時機未成熟而不透露名稱，如是鬼，亦有可能是假冒。

仙佛皆無法掌握（改變），因果業力建立在一念之間，修行高深之人僅能預測即將發生之事，卻無法瞭解人性是否能通過。」

周師姊聽完後又問：「日後眾弟子的佛法學習之路又該如何？歷經此事件後，眾弟子已對佛法不再信任，眾人的護持心竟換來如此結果，他們又如何能相信其他上師呢？」

上師表示：「依法不依人。今日事是陶師弟所要面對的心考，換一個角度想，也是眾弟子所要面對的功課，假使其他人因此事對佛法產生不信任，不也被陶師弟的劫所考倒了。」

佛陀曾言「不可心外求法」，意思是說「法不在心外」（「法」是涅槃、解脫、自在、清淨的意思），或許上師所要透露亦是此道理吧。

## 不動明王牽因緣，寶劍顯現宇色

自從幫周師姊問事後，她便常找我為她們姊妹、朋友靈療[2]。周師姊會找我為她家人、朋友靈療，應該也是對於我的事瞭解一二。她對我的通靈或靈療能力如此信任，也是當初所始料未及之事。

[2] 每一個元神皆具有靈療的能力，只是功力深淺不一而已，靈療療效除了和元神累世功法有關，靈修者今世在醫療常識、按摩推拿、中醫經絡、能量療法等的研究亦會影響元神靈療的療效，但靈療僅是正統醫療之外的參考。

熟識後，她才娓娓道來找我問事的整個來龍去脈：眾弟子和周師姊家人如有任何身體、生活問題，皆會尋求陶師弟協助，陶師弟未出家前已具有靈通和靈療能力，跟隨上師三日已得密法真傳，靈療能力更甚於之前，但自從爆發與劉小姐的畸戀後，也切斷了與大家的因緣。與陶師弟緣分盡了，但家人、朋友的問題還是需要找人解決，周師姊雖有觀他人身上病症之異能，卻無法為他人解決，她不斷地向平日虔誠信仰的不動明王[3]祈求能尋找到有緣人完成此願。

一日她在靜坐中，不動明王右手拿著寶劍、左手拿佛珠在境中顯現，周師姊不解不動明王現身為何意，向祂詢問亦不語，突然左手寶劍[4]劍面現出兩個字，第一個字是宇，第二個字是五彩光球不斷旋轉，她不解何意，事隔數日，相同情境再次於靜坐中出現，不同的是，第二字的光芒褪去「色」字露出，宇色[5]兩字浮現在不動明王的寶劍上，她尋問身邊所有人依然不解，上網搜尋亦找不到宇色。一次巧合的機緣下，一位曾找過我問事的網友聽到周師姊之事，向她表示中部有一位與她口中所言姓名相同的塔羅牌占卜師，或許便是她所要尋找之人。在與我預約之前，不動明王曾告知初次預約會在因緣未聚之下而錯失（因未達人數故未北上），務必要再預約第二次。

那日在台北茶藝館問事前，周師姊還特別叮嚀另一師姊要留意我的眼睛。

[3] 不動明王是一位相當有名的護法神，梵名為 Acalanatha，是佛教密宗五大明王主尊、八大明王首座，是鎮守在中央方位的明王。

[4] 不動明王手中有一把劍，用來消滅一切阻止「佛」傳播的敵人。

[5] 作者筆名宇色，取自西藏耶喜仁波切轉世於西班牙活佛——宇色仁波切，僅因喜好而取之，無特殊原因。

我的眼球色澤異於一般人，就周師姊說法，我與不動明王有另一段因緣，透過後天在靈修上的修練，我的瞳孔顏色與不動明王眼睛都是明亮琥珀色。的確有許多問事者來問事時，曾盯著我的眼睛，他們不解為何有人瞳孔是如此清澈。

周師姊告訴我，靈修法門其實與密宗黑法[6]頗為相近，我今世對於靈修上的觀點、看法、修行方式和今世元神的能力，之所以能異於其他的靈修人，有絕大部分是來自於累世曾經修習過密宗黑法，密宗黑法有許多密法，等同於靈修的修。

周師姊鼓勵我在密宗上有所修持，對於我靈修功法亦有相當大的幫助。我與陶師弟之間曾在過去世中同拜一位密宗上師為師，今世如能再續前緣，對彼此的修行絕對有很大的幫助。同時，周師姊也是我在靈修路上十多年，第一個真正說出和我當時所見元神原型相同之人（不過，她見到的龍僅是我元神所顯現的一半，並非全貌）。

關於我與密宗的前世因緣，多年前與友人到淡水天元宮朝拜時，在廣場前靈動之際，友人赫然從我身上看到一尊端坐穿著紅衣的喇嘛相；多年後從事塔羅牌教學工作，亦有幾位具敏感體質的學員，在我身上及額頭看到一尊金身紅光的喇嘛相，這些說法引起我的興趣及好奇。

[6] 據傳聞，密宗黑教黑法即是西藏古老的苯教，蓮華生大士未入西藏創立密宗時，苯教是西藏人所信仰，充滿迷信與神祕的教派。

或許我今世與密宗有朝一日會再續前緣，但未修法之前，一切亦是空談，真真假假、假假真真，信與不信都必須建立後天的思辨上，未經印證，實修便不能當真。

## 從混亂中尋找智慧之光

二〇〇九年八月，離開待了整整四年的企劃行銷工作，在部落格內常自嘲自己難以歸類為通靈人、塔羅牌占卜師，還是一位創意人。離職後沒有馬上投入另一個新的工作，我開始思考下一個人生的階段。

許多人都會以為一個通靈人、靈修人，有任何疑難雜症只要一闔眼，它們就會指引你一條人生的康莊大道，在這邊真的要澄清外人對於靈修、宗教的誤解：它們並不能引導我們走任何一條路，真正左右我們選擇的，其實是我們內在的大我，它們僅是輔助的角色，心中如無培養「堅定心」與「明確心」，徬徨和無助就會像車輪軸一般，不斷、不斷地在生活中重複打轉。

早期走靈修，我以旁觀者的角度看待靈修界異象，在工作職場中，我也有不錯的物質享受，但對於前方的道路卻依然感到茫然，幾年的靈修下來，帶給我許多人生省思，我不知道心中追尋的是何種答案，只知道這一切皆無法跳出輪迴、求得解脫之道。後來，我在網路上看到這則佛經裡的小故事：

從前有一個人，叫莫林克雅普塔，他來到佛陀面前，問了很多問題，佛陀說：「你問問題是為了要解決問題，還是要得到答案？」

莫林說：「我來問你，你卻反過來問我！讓我思考一下。」在他思考後的第二天，他回答說：「實際上我是要解決那些問題的。」

佛陀問他：「你有沒有問過別人同樣的問題？」

莫林說：「這三十年來，我一直問每一個人同樣的問題。」

佛陀問：「問了三十年，你一定得到許多各種的答案，但是有沒有哪一個被證明是真正的答案？」莫林說：「一個也沒有！」

然後佛陀說：「我不會給你任何答案。因為在過去的三十年裡，別人已經給了你很多答案，雖然我能再添加一些，但那對你不會有所幫助，所以我將直接給你解決之道，而不是給你答案。」

莫林說：「好，請將它賜給我。」

但佛陀說：「我無法將它給你，它必須在你身體裡面成長。所以，靜靜地跟我在一起一年，一個問題都不准問！完全沉默地跟我在一起，一年後你可以問，然後我將會給你那個解決之道。」

舍利子（佛陀的大弟子）坐在附近的樹下，聽到對話後卻笑了，莫林問：「舍利子為什麼笑？有什麼好笑的？」

舍利子說：「如果你有什麼問題要問，趁現在趕快問，不要等到一年以後。我們都被愚弄了，這事也曾經發生在我身上！因為一年後你絕不會問。如果你維持沉默一年，那個發問的原動力就消失了，這個人正在欺騙你！他非常不老實。」舍利子指著佛陀說：「一年後他將不會給你任何答案。」

佛陀說：「我會履行我的諾言，舍利子，其實對你而言，我也履行了我的諾言，你不問並不是我的錯啊！」一年的時間過去了，莫林沉默、安靜地做好修心養性的功夫，而且內在和外在都變得愈來愈沉靜，之後他變成一個寧靜的池塘，悄然無波，忘了一年之約已經過了——可以問問題的日子已經來了，但他自己卻忘了。

佛陀說：「以前有一位叫做莫林克雅普塔的人要問我問題。現在他在哪裡？一年之期已經到了，所以他必須來找我。」在一萬個和尚裡，每個人都想找出莫林克雅普塔是誰，就連莫林也在找！

佛陀叫住他，說：「你為什麼四處找尋？你就是那個人，我必須履行我的諾言，所以只要你問問題，我就會給你答案。」

莫林說：「那個人已經死了，所以我四處找尋，看看這個莫林克雅普塔是誰，我好像聽過這個名字，但是他很久以前就已經消失了。」

或許我要的並不是一個答案，而是從靜默中聆聽內在的聲音，引導我走下一個人生階段，二〇〇九年十月，我獨自一個人揹起行囊南下，頂著三十五度的大熱天，參加台南法寂禪林所舉辦的雨安居精進禪修營[7]，踏上尋佛之路。

報到時，法寂禪林主事——寂幻法師看到我，並未詢問我參加雨安居的目的，僅請我向遠從緬甸而來悉臘尊者[8]叩拜，悉臘尊者看著我，指了指我身上T恤的圖騰長毛象說：「平時我們心就如同你身上T恤圖騰上那隻長毛象，我們無法駕馭牠，只能憑牠四處亂闖，禪修是讓我們學會如何駕馭牠、馴服牠，轉變成我們騎著牠，讓這份心轉換成一種能量與定力。但不要忘了，我們身上還有四隻蛇，如何平衡四隻蛇的力量[9]，也是要靠內在那份心。」我默語，但禪師簡單一席話卻深深重擊了我的心。

這一路走來，我是否真正馴服了自己的心呢？

[7] 依據佛教戒律，每年在印度三個月雨季時依律結夏安居。在安居期間，僧眾都會停止出外雲遊，安住在寺院或森林裡，專精禪思、深入經藏。

[8] 悉臘尊者，緬甸人，一九九四年受俱足戒，一九九七年跟隨知名的帕奧禪師修學。曾在帕奧禪林暨分支道場及國外指導禪修。

[9] 四隻蛇代表水、火、風、土，四種宇宙萬物構成要素。

禪修生活非常規律，早上四點半，繁星明月尚高掛在天空，四、五個男眾便從宿舍走過山間小路到達法寂禪林打坐，一整日的靜語、禪坐、行禪，晚上八點開示到九點，再走路回宿舍睡覺。一日過著一日，每每到了禪坐時，很快就進入夢鄉與周公下棋，起床期待豐盛早餐後，便開始等待中餐到來，晚上，遠從緬甸而來悉臘尊者講解著《阿毘達摩》裡頭的五十二心所。

當中有許多專有名詞都是我長這麼大第一次聽到，心所、善心、可取心、心緣等等，我根本聽不懂禪師到底在講什麼，他在講課時我低頭看書，一日、二日、三日……，漸漸地聽懂了這些專有名詞。來禪修營，原本就不抱任何期待，只想將這幾年的心沉靜下來，我不在乎禪師所言內容我是否聽得懂，有一天我一定能懂，只是時間問題罷了。說也奇怪，平常不太做夢的我，禪修時卻常做夢，其中一次印象特別深刻：

我去打早齋發現素粥裡頭的五穀米、黑豆竟然沒有煮熟！我向負責煮早齋的師父詢問怎麼不煮熟，師父簡要的用兩個字回答我：「不行！」

我問師父：「我可以幫別人盛粥嗎？」

師父還是那兩個字：「不行！」

我再繼續問他：「可以先盛起來我自己再拿去煮嗎？」

師父第三次回答我：「不行！」

怎麼一問三不行？我心想：「不熟不能吃，盛起再煮也不行，這鍋粥真的不能吃啊！」這時師父語重心長地告訴我說：「先硬再軟，是要提醒你，學東西一開始要有堅定心（硬），學習過程如果遇到困難要用柔軟心面對（軟），這個功夫是別人幫不得（不能幫他人盛）的，一切只能自悟的。」

師父的話一說完，素粥裡頭的黑豆竟然變成一顆顆「般若」[10]字，從鍋裡飛了出來。這一切是夢還是訊息？我早已分不清楚，短短的夢境所包含的真理卻勝過萬言。

## 佛法中觀看靈修核心價值

禪修中，悉臘尊者教導我們平時須不斷地訓練專注心，從細微事物中觀察真理所在，泰國知名已故禪師阿查放曾提到：心就像是一位國王，他的情緒，猶如他的大臣，別當一位容易被他的朝臣所左右的國王。

[10] 智慧之意。

一日小參中，我問寂幻法師：「一個男人愛女人，一開始的愛隨著時間的久遠變成不善心[11]時，我們該如何面對。」寂幻法師說：「要學會分析因果，每一件事都存在著因果，細微至心理內層轉變也有因果可循，當我們觀察到不善心升起時，就要好好靜下心思考。」我問：「如何培養那分觀察心？」寂幻法師說：「起居作息都要專注於心上。」

我請他開示，寂幻法師以花做比喻說明，當我們因花的美麗與美味而稱讚它時，心中便起了善心；但假使你因此而想摘取它，那就表示起了不善心；紅塵中的愛情也是如此，當我們欣賞、喜歡一個人進而交往時，便是善心，我們藉由感情力量互相激勵對方、改變彼此不好的習性，便是所謂的可取心，但當我們在感情中升起不如意（不善心），甚或起心想要傷害對方時，便是不可取心的開始。

簡單幾個譬喻，便將人類在感情中所產生的心性變化分析得淋漓盡致。佛陀如同一位專業的心理醫師，早在幾千年前就將潛在於內心的人性看得如此透徹，佛法其實很哲理、很生活，也很貼切生活心理學；相比之下，頓時覺得自己走了無數年的靈修路渺小而微不足道。回首幾年的靈修路，我看到眾多靈修者、宮壇乩童花費無數時間、金錢，走靈山、跑廟宇、會靈，好像已經超脫世

[11] 不善心共分為痴、無慚、無愧、掉舉、貪、邪見、慢、嗔、嫉、慳、惡作、昏沉、睡眠、疑。

俗進入另一個空間，回過頭來又得到些什麼？神通嗎？神通抵不過業力。敏感度嗎？人生多一種話題罷了。

這一切與博大精深的佛法來比，就如同繁星之光與皎潔明月相比擬一般。少了回歸人性的「法」皆只是假相，盲目地追尋靈通、感應，並無法啟迪內在智慧，缺少了正念（佛法）的修行，就好像將種子種在不紮實的土壤一樣，經不起風吹雨打，一句話說得好：「千年神木（修行）早在種下（土壤等同有智慧的觀念）那一刻便已經註定好。」

在禪修營中，我開始思考靈修與佛法之間的關係，錢大哥早期提醒過我，靈修應建立在佛道雙修之上，以佛空性與道無為來參透靈修，才能體悟靈修所隱含的真諦。那時他向我解釋，許多宮壇之人將靈修與儀式劃上等號，但真的靈修應該要回歸到修心與生活之上，這才是靈修人真正要去探尋瞭解之處。

在禪修營待至第六日，內心開始動搖，想要打道回府，我將想法告訴寂幻法師，寂幻師父問我是否確定，我默言。她看著我說：「你有慧根，再多住幾日對你有幫助。」一來禪修營，我不曾找任何師父聊過修行方法，今日，是我第一次與寂幻法師如此親近；在她身上，我看到平靜中帶著智慧的光芒。我反問她何來慧根，她笑笑說：「因為你懂得問問題。」我向她坦誠其實從小我就是一個好奇心很重的人，但寂幻法師卻回答我：「你問我的問題，不是像你這樣年紀的人會問的問題。」

在最後一天的講課中，我在心中向主神[12]詢問中途離開禪修營一事，祂回答：「在佛陀時期你曾是一位在家居士，你曾親耳聽過佛陀講經說法兩天，因那兩天所種下的善因緣，才促成這兩千五百年不退轉的佛緣，你要珍惜。」主神接著說：「兩日種下兩千五百年佛緣，今日再會六日，豈非種下更深佛緣。」我再度向主神一問，今日又非佛陀在世說法，怎可相比？祂回答：「這便是宗教傳承之力量，尊者今日所言與兩千五百年前佛陀所言內容相同，尊者即是傳承了佛陀的言語能量。」

第九日，我仍因個人因素提早離開雨安居禪修營，短短的九天，是我一生當中心靈成長最多的一段時間。禪修營中的許多男女眾雖然不懂神通、靈修，但從他們身上，我看到許多隱藏於內在的智慧。一位住在高雄的男居士私下與我交談甚歡，他向我表示，禪修營中有不少老菩薩、在家居士已經能在禪定中觀得禪相[13]，甚至有人已有觀得初禪、二禪的程度。男居士並不知道我是一個以靈修為修行法門的人，幾句無意間的閒聊，卻令我更加汗顏。靈修看似與高靈、仙佛如此相近，但發生在自己和別人身上的境（靈動、靈語、天文、訊息

[12] 主神是元神的啟蒙老師。一般而言，元神僅會有一位主神，但也可能因為機緣不同，元神會受教於多位仙佛。

[13] 所謂的「禪相」就是修行禪定時內心專注的對象。「安般念」的禪相是由氣息轉變成的；禪相出現是禪坐專注力的結果，如能持續不斷地專注於氣息至少一小時，如此連續維持三天以上，通常禪相不久就會出現。

等），是真是假又有幾人知道，禪修一切都是內在智慧的顯現，必須透過後天不斷地修持才有成果。

在九天雨安居精進禪修營中，我找到了支撐自己在日後靈修路上不產生偏頗的心法——佛法，靈修看似修行的捷徑，卻也是一條充滿人性考驗的方便法門，盲目追尋通靈便註定了日後的失敗。佛法就如同靈修的核心思想，它提供了靈修人在靈修路上的正念，靈修路上的真真假假、假假真真，虛實之間處處皆隱藏著智慧法門，若少了佛經支撐思辨，凡夫俗子很難跳脫其中。

此次禪修營，啟迪了我以另一種觀點看待靈修，是次第的提升，也是靈修的精進。我喜歡這首小乘佛法的一部經典——《慈經》，非常簡要地傳遞了佛法精神，送給大家。

《慈經》／張慈田　譯

熟練善法及得到寂靜，他應該要：

能幹、坦誠、正直、善語、柔軟、不傲慢；

知足、易養、少俗務、簡樸生活；

六根寂靜、謹慎、謙虛、不貪著於家庭；

他不應該犯智者會指責的任何過失。
他應該要這樣發願：願所有眾生喜樂平安。
願眾生充滿喜樂。所有眾生都包括在內，
無論是動的、靜的，長的、粗的、中等的、短的，
大的、小的，可見的、不可見的，
遠的、近的，已出生的、未出生的，願他們都充滿喜樂。
願在任何處所任何人都不相敵對、輕視。
願任何人都不以憤怒、惡念加害於人。
願修養無量的慈心對待一切眾生，
像母親寧願犧牲生命護衛其獨子。
願慈悲心廣被整個高處、低處、平坦的世界，
無有障礙、嗔恚、仇恨。
不管在行、立、坐、臥，任何時候都應該保持慈心的正念。
這被認為是人間的梵界生活。
不墮惡見，具足戒律及智見，斷除感官的貪欲，就不會再度投胎。

故事背後

## 鍛鍊堅強的心智吧！

佛陀說：「神通抵不過業力。」當我聽到陶師弟之事，有一個很深的體悟：「神通抵不過心念。」外境誘惑多彩多姿，定力不足或稍有不慎，心念便容易受到外境所影響。

陶師弟──一個已經傳承密宗心法的喇嘛，本身又是一個天生具有靈通的人，為何沒有智慧思辨劉小姐所言內容的真偽？是受劉小姐美貌所誘惑？還是受到劉小姐口中無形師一席話所動搖？人的欲望如同是無底洞，情愛的執、財權的貪、名利的追求，並不會隨著身分的改變而有所不同，當一個人不懂得「內省自己」，欲望便永遠不可能有填滿的一天。

佛陀曾言：「要把自己的心照顧好，不要攀緣；心若不斷攀緣，煩惱就難斷，以至於輪迴六道，苦不堪言！要斷除六道輪迴的苦，一定要斷除攀緣的心。要斷除攀緣之心；對人我是非的執著、對名利地位的不斷追逐，這就叫做『不斷攀緣心』。有了不斷攀緣的心，就會受六道輪迴之苦。」

在宗教上，人們將希望寄託於上師、前人、老師等等，說穿了，這是人性小我作祟下的結果。人們不相信能自己悟道成佛、不相信自己擁有能力從生活中體悟一切，不相信那些台面上的宗教大師其實有與我們相同的人性且依然要面對人世間種種的心性磨鍊。

有一位密宗知名的喇嘛曾說過：「每一個人都希望我為他們祝福，對於他們的要求我都會做到，只是修法這麼多年，我卻沒有得到佛陀的祝福過。」聽起來或許是一句玩笑話，卻道盡人性僅懂得向外求，卻不懂得向內探尋自我智慧寶庫的來源。

# 靈修沒有結束的一天

靈修充滿了理性、感情、佛學、道論，有時是假，有時是真，有時看似真，迷失了，它又是假。我們要用何種觀念看待它，都無損它存在的意義，選擇我們喜愛的方式，它就是靈修。

過去我對宗教的看法很單純，就如同一般人的二分法——宗教歸宗教，生活歸生活。在宗教中，我尋找某一種真理、探尋一種未知的領域；在生活中，我追求一種成就感與穩定的收入。當「元神」出現生活與宗教之間時，我產生了迷惑與不解，早期在不瞭解之下，我將靈修現象歸於宗教一派，而我是一個非常排斥「宗教」的人，因為有太多有心人士操控宗教，以其名荼毒、操控人心，或許這些有心人士很可惡、很不可原諒，但反過來說，是否因我們內心對宗教的認識已經偏頗，才會讓有心人士趁虛而入？

宗教不應被定位在求名、求利、求子……。在我心中，宗教不僅是一種生活哲學，也能教導我們如何轉正念、培養正信，以及引導我們跳脫生活固有思維模式。許多宗教裡有太多「後天人為教條」，當中有許多脫離創始者原意甚遠，也限制了人類以更寬廣的心思辨我們所存在的世界。

假使一個宗教、教派無法啟迪人心，而是以某一種所謂的「真理」扼殺人的思想空間，那倒不如簡單過生活還來得自在。有一句話這麼說：「盲目信仰比沒有信仰更危險。」處在充滿亂象的靈修中，學習思辨是一件很重要的事情，思辨與質疑才是敲開智慧的不二法門，以此綜觀全世界的宗教或靈修，皆是相同的法則。

靈修是一件非常奇妙的修行法門，當你有心親近它，便容易陷入某一種迷失中。假使沒有足夠的智慧思辨，那倒不如回歸內在，時時刻刻以平靜心看待在我們身上發生的種種，才能從其中跳脫，領悟當中的智慧。

## 不同的靈修風景

從啟靈的那一刻起，我在這段探尋「元神」的過程中，領悟出三件事：

一、將他人的口中經驗當成問題解答，是迷失。

二、相信以訛傳訛、未經思辨的「靈修方法」，是迷失。

三、放大靈修（自稱仙佛轉世者）而忽略了生活層面，亦是一種迷失。

無論元神甦醒意義何在，「我不想活在別人的看法當中」這個信念督促我時時刻刻保持一顆覺醒心，正視發生在我身上的異象，以平靜心聆聽每一件事背後的天啟。每個人都有來到這世上的功課，每一種功課都有不同的學習方法，也許表相的問題雷同，但從中得到的體悟卻完全不同，奧修在《脈輪能量書》寫到：「別過度信任別人的經驗，別盲目的地信任他人，而是要把你所瞭解的每件事情轉變成你自己的探索。」

我在部落格中分享靈修路上的種種經歷，有人視之為靈異故事，也有人將它當成本身啟靈的經歷寫照，同時亦有許多讀者寫信給我，希望我能以過來人的經驗解惑啟靈後所遭遇的種種問題。我無法提供確切答案給每一個啟靈的朋友，僅能分享一個觀念給大家：「問題發生的同時，答案已經浮現，啟靈是發生在自己的身上，最好的解答者就是自己，外人僅能提供你一些參考，卻不能告訴你答案，你必須內觀思考，才能從事件中得到成長的能量。」

靈修這條路非常多元，你想怎麼雕塑它，它就會塑造成你心目中的形象。喜歡佛學，你就可以將佛學觀點融入你的靈修當中；如果你喜歡禪學，未來靈修路上會充滿禪學的氣息；如果你喜歡研究心理學，相信我，你有很大的機率會以心理學的角度切入靈修的法門……。靈修絕不是建立在「濟世渡俗」四個字之上，同樣的，靈修也不會侷限於靈語、天文、靈動、唱靈歌這些範疇中，如能在生活中用心耕耘當下，你會發現，因為不受傳統宗教的觀念包袱，你會走得更寬廣更與眾不同。

## 有神通便是神佛轉世？

常從媒體、網路上看到，不少人因為有神通能力或仙佛轉世而顯得有些自命不凡，但我們身為人，便要從人的角度學習與成長。想一想，觀世音菩薩、釋迦牟尼佛這些大聖大德，哪一位不是經歷了人世間的一切苦難，讓肉體受盡折磨，才體悟出一番道理？但現在的人卻總是忽略了那些過程。有太多靈修人認為自己的元神靈格甚高、異於常人，辦事時能解決許多信徒的疑惑，而抱持我慢的心，導致後來在辦事時逐漸升起貪念與妄我而不自知。

永遠要將通靈與生活分清楚，離開宮壇辦事身分，就要將心境轉回基本的生活層面。走在宗教、靈修上，便要抱持一顆虔誠、謙虛心看待一切，時時以佛法覺知內在的心念脈動，同時不斷地教育身邊朋友、家人：「你和大家一樣，不過是個普通人。」不要連他們都把你當成異類看待，也不要連生活圈都充斥了玄祕色彩。

不管是敏感體質、通靈人、欲成為通靈人或一般人，皆要面對生活中的酸、甜、苦，辣，悲、歡、離、合，一樣要扛起早晨起床後生活中的種種壓力。除非你想用這個能力來斂財、騙色，不然，一般人會遇到的問題，絕不會因你的體質或自稱仙佛轉世就能豁免——至少我一路走來所看過的眾多通靈人、靈修人、乩童當中，沒有一個人因本身體質特殊而從此逍遙過一生，現實一點來說：「大家該面對的，你一樣沒有特權避開。」

## 學習、學習、再學習

要保持一顆熱誠、高度學習的心，還要養成閱讀不同領域書籍的好習慣，是否要到精通地步因人而異，但至少要有一定的接觸，多吸收不同的領域的事物，抱持不執著、不偏頗的心學習，對於日後處事與辦事方面，都會有正面的幫助。

把自己當成海綿，努力吸收更多、更廣博的知識，只鑽研某一特定領域而忽略其他領域的探索，會讓自己的思考邏輯陷入瓶頸，靈修講求圓滿不偏頗，遇到人生課題，要學會轉念，以不同的角度來思索問題、調整心性，事情沒有絕對的對或錯，只求在處理過程中，接近圓滿人和，抱持客觀、謙虛的態度，誠實面對心性缺點，才能在這條靈修路上走得自在又快樂。

千萬不要一味把專注力放在「無形」的修練，例如：追求感應能力、神通的高低。你有聽過拜神跑宮壇到頓悟、開啟智慧的例子嗎？有誰能靠著一輩子求神問卜，最後跳脫一切輪迴？花錢祭改，就真的能平順過一生？連位居仙位的諸菩薩、仙佛的修道過程，都沒有一個是以如此方式進行修練的，這種依賴只是讓自己提早走入死胡同而已。

此外，坦然面對內心世界的自己也是很重要的事。我們如果將所知告訴別人，便是無私的分享，修行絕不是閉門造車；相對的，對於前來問事的人，如果遇到自己不懂或無法解決的事，也要明白告訴對方：「我不清楚，但我會去找答案。」畢竟我們不是萬能，只是比別人「多懂一點」罷了，重點是能否勇於認錯，以及在接訊息過程中學習到新的事物，思考今天你的所知是否比昨天更進步。

有人問我，在接訊息過程中，有沒有接錯或不準的時候？我的答案其實和一般通靈人都一樣：「當然會有，怎會沒有發生過？」接訊息準確度關係到很多層面。

與例來說，我對前來問事的人第一印象不好，有先入為主的觀念，那麼後續所接到的訊息就可能會開始有所偏差；又例如我今天情緒莫名低落，怎麼都提不起勁來，不用說，訊息一定無法深入與精準。有一次，我與塔羅牌學員一同至她靈修的宮壇問事，主事者是瑤池金母的乩身，過程中，可能是因為我的穿著打扮與年紀，乩身的眼神中不時透露著輕視，但當她知道我是學員的塔羅牌老師，亦是靈修者時，態度又馬上一百八十度大轉變。

也有人問過我，如果遇到有人存心來踢館怎麼辦？這個問題我從來不曾想過，只要彼此知道欠缺的是什麼就好了不是嗎？互相切磋也是另一種學習。

我也在多年的問事經驗中學到，再厲害的通靈人、算命師，準確度也不可能達到百分之百，也僅能以你目前的心態、狀況來推演未來發生的可能性；我本身所感應到的，也只是依問事人過去與目前的個性來算出未來的問題點。如果他接受我的建言與感應，本身又努力朝創造更美好的人生邁進，不斷反省與實踐，那麼我所感應到當事人的未來，就有可能發生落差。

## 宗教是誘人糖衣還是苦口良藥？

在我的周遭，沉溺於宗教的神祕世界者不計其數，有人認為「宗教」是一種心靈調劑品，有人希望透過宗教力量，探索內在未知之門。宗教不具有思考能量、也沒有判斷能力，它就是一只乾淨無瑕的玻璃瓶，任由我們的心加入各種顏料。也因為如此，才會衍生出一些有心人士和一群在宗教上不具正念[1]的人，大肆傳遞被個人私欲所包裝後的宗教理念。這些都是無常的人性沾染宗教後的百態，假使人們無法培養正念與獨立思考，便無法承接「宗教」啟迪人心的能量。

走靈修必須常保一顆覺察之心，不要一味相信真理就在老師身上——靈修的世界裡沒有一輩子的「老師」！靈修路上的老師就是「心」，宗教界的老師、前人僅是我們學習的前輩。脫掉宗教糖衣、拋棄他人對「靈修」的傳統看法，不去聽未經證實的傳言，靈修是一種蘊含著宗教與生活的修心方式。

靈修或許是通靈的捷徑，但這其實並非重點，如何能走得長、走得久才重要，回首過去的靈修路，仍以「捨」為重，在生活中，我們對貪戀、金錢多捨一點，心境能維持平靜，靈修便是輔助我們通往靈性成長的好利器；反之，它

[1] 正念，有意識地覺察生活中的一切，以平靜心活在當下。

也能讓我們陷入另一種迷失當中。培養一顆踏實、堅定的心靈，便能駕馭心，而少點靈修路上的跌跌撞撞。

二〇〇八年底，我抱著不同心境回到錢大哥那裡，繼續另一階段新的靈修之路，二〇一〇年的今天，我開始在台灣各地規劃一系列「靈修・覺醒旅程」、「自性・覺醒靈動」，以及超直覺塔羅牌課程，以近十年過來人的經驗分享心路歷程。靈修課程融合了佛法與道教，以及新時代的思想，讓原本充滿宮壇文化的靈修世界，呈現不同的面貌。靈修的修行方式隨著教導者觀念不同而各有差異，並沒有固定方式，很希望讓每一位學員能夠藉由有系統的課程，讓自己在靈修路上能夠自在又快樂，同時培養自我的獨立思考。

靈修沒有結束的一天，一個週期的結束，便是另一個週期的開始。分享我的故事，並不是要告訴讀者靈修的好處或推崇靈修，而是以自己的故事提供一個思考的方向，希望能帶給讀者不同的思維與收穫，從中找到屬於自己、適合自己的靈修心法。

第二篇 靈界

# 與靈界對話

亡靈總是悲苦哀怨？流產和墮胎會引來嬰靈作祟？想改運就觀落陰到靈界走一趟？靈界、宗教和習以為常的習俗，你是信？還是不信？其實，有些事和你想的不一樣！

你以為靈修者或通靈人不過就是能接受到靈界訊息的人罷了？事實上，隨著元神覺醒程度不同，後天靈帶動之下所擁有的能力也不同，主要是因為心性沉穩和對生活周遭看法的成熟度所導致。

# Q1 往生的親人不是哭哭啼啼變怨鬼，就是等投胎或到十八層地獄？

多年靈修路帶給我的最大體悟就是「**心**」，這輩子我尚未經歷「往生」，但透過一些往生朋友傳遞的訊息，我對它們是愈來愈尊敬。它們並不如想像中那般充滿了哀怨與悲苦；對於離開人世，反而是以坦然的心接受一切。

祂們（仙佛，已下均以祂們稱之）曾告訴過我：「對往生產生恐懼與不安，皆因你們用自己觀點、用人的角度來看待往生者。是你們自己在恐懼往生，而不是它們。每一個靈體都是獨立的學習個體，在靈界當中，它們毋須害怕，在它們所屬的空間當中，我們都是與它們在一起。在此時，它們是全然放下心中我執與小我，因為我們隨時與它們同在。」

## 「靜靜」待在角落的外公

我的外公因胃癌而過世，他是一個非常憨厚的鄉下人。在他往生後七、八年的某夜，我突然想起從小就疼我們的外公：他最近過的好嗎？他在哪裡？他生前那麼老實，死後是不是直接投胎？下輩子是不是會到一個好人家去？我靜下心來觀想外公往生前的樣子，祈求祂們能幫助我感應外公目前的狀況。

「他一個人在那裡，沒人陪、也沒有人吵，就靜靜地待在那邊。」

這是什麼意思？印象中，不是該有什麼在陰界等待投胎或到十八層地獄的場景嗎？怎麼有人往生後是一個人靜靜地待在「那邊」？

「他放不下此生的晚輩，因為他非常疼自己的孩子、孫子，往生後到了另一個靈界，這種信念是不會忘掉的，反而會包圍住他，導致他無法去到他應該去的地方。」

我們有什麼辦法可以幫助他嗎？

「沒有，這是他自己的功課，也是他自己所投射出來的景象，除非能自己走出來，瞭解此生的一切都已成過去，此生的種種都只是他要通往下一個境界的轉運站罷了（每一世都是靈性成長的轉運站，幫助我們達成更高層次的境界而非終點）。它被自己的意念所困，沒有人綁住他。」

身為直系血親，難道我不能以持咒或其他方式來讓外公跳脫這種意念或局面嗎？比方說透過意念？

「沒有。我說了，這是他自己必須完成的功課，這一切皆是他內心所投射出來的景象。你想一想，這其實和在世的人遇到執著的事（比如錢財、感情、親情或事業等）一樣，哪能在短短時間內就聽進別人的建議，一切還是要靠自己才能走出來。」

親人往生時，我們在一旁助念佛號，難道也一點幫助也沒有嗎？

「幫助不大。佛祖、菩薩雖然慈悲，佛法雖然無邊，但仍是敵不過人們心中的執著。」這段話後來影響我很深，讓我瞭解**慈悲的佛菩薩永遠只是輔導員的角色**，真正去改變環境與心念的，還是我們自己。

## 陰陽兩地的姊弟真情對話

陳小姐長年在香港工作，為了剛過世的弟弟而專程來找我，想要瞭解過世的弟弟是否有尚未完成的心願。她告訴我，弟弟從住院到往生只有短短二十四日，走得太突然，有許多話都來不及對他說，她自己對弟弟也依舊牽掛。

往生者雖已離開人世間，但在世親人對往生者的牽掛，遠在靈界的往生者其實能感受得到，若能放下牽掛，其實對彼此靈性成長是一件好事。

我看著她弟弟的照片，先以「亡靈溝通占卜卡」的占卜為主，接收訊息方式為輔，祈請地藏王菩薩能帶領陳先生的意念前來。翻開來的是一張寬恕牌，基本的意思是：「在我生前，我們有一些不愉快的往事，但是我已經離開人世了，我知道妳為了這些事情依舊內疚、自責。我只是想來告訴妳，過去我們曾經彼此傷害，讓我們來化解過去這一切好嗎？我真的已經原諒妳了，也請妳寬恕自己、原諒自己好嗎？」

我問她，是否曾在弟弟過世前發生口角？果然，姊弟倆因為一些誤會，已經有一年多沒有講過一句話了。此外，弟弟在讀書時期，也與父親發生過嚴重的口角，這十年來他們兩人不曾講過話。我聽完前因後果後告訴她：「陳先生已經原諒妳了，同時也想告訴妳，這一世你們彼此的恩怨已經化解，希望妳能原諒自己，也乞求妳可以原諒他。」

一聽我說完，陳小姐的淚水便不斷地流下來，再也按捺不住激動的情緒。其實我不喜歡讓往生者意念投射在元神意識中，那種不舒服的感覺，一般人實在很難想像，但見她如此難過，一定有許多話想親口對弟弟說，當下便決定將陳先生的意念轉到我身上，由他親口與姊姊面對面來一段陰陽兩界的對話。

我閉上眼，心中觀想陳先生的樣貌，默念其出生年月日、忌日，祈求地藏王菩薩幫忙帶領他的意念來到現場。現場一片肅靜，連陪同陳小姐前來的友人的呼吸聲都能聽到。或許是因為陳先生剛往生不久，靈體訊息來得又快又急。

「我一直以為，人生是掌握在自己的手上，所以從小就想努力證明給大家看。原本我應該可以做到，怎會料到我會在這個時後離開了你們。」訊息接完一半，想確認他們對內容是否有任何疑惑或不解時，我抬起頭便看到陳小姐兩手摀著面，淚水不斷從指縫間流了出來。

**陰陽兩界的溝通，最重要的目的就是協助在世者宣洩心中的悲傷**，此時旁人的靜默勝過任何安慰的話，她邊擦拭眼淚邊跟我道歉，我笑笑地搖搖頭：「如果情緒平復了，那我就繼續進行。」當我再度闔眼，陳先生的意念馬上進來：

「我沒有恨過你們，只有恨自己。在世時我從沒說過我好愛你們，你們一直對我有許多要求，但又不曾瞭解我真正的想法，我所做的一切，就是希望符合你們的期待。我只能跟你們說：好好把握現在，我怎麼也想不到自己會在這個時候離開。」

陳小姐泣不成聲說：「你做得很好了，真的，我們沒有怪你。」

我告訴她：「每個人來到人世間都有註定好要學習的功課，妳弟弟靈體訊息來時，我看到一位菩薩似乎正在幫他解開心結，我沒看見其他高靈在幫陳先生的病體做處理，這有兩種可能，一是處理完了，二是比起肉體痛苦，影響他最大的是心中的心結。他如此努力，人生正值巔峰，卻遇到生命的大轉彎，一時間難以接受。過世前最難受的事往往會影響到投胎的下一世，眾高靈擔心他帶著心結投胎，所以也都在幫助他化解。」

「那我們可以為他做些什麼嗎？」一旁久未開口的表弟問道。

我搖搖頭：「不要相信花費鉅資請高僧、助念團，就能將往生者接往西方極樂世界，或給它們幫助。就我個人的經驗，能為往生者做的真的很有限，在世時一切便註定好了，往生後就必須看他們個人造化。如果你們真的想做什麼，就對著陳先生照片默念你們心中的思念及安撫他的話，讓他心中的心結早點化解，也多少一解你們的思親之苦。」

此時，我突然發現原本沒發覺的冰冷感已蔓延到全身，早在決定轉換元神意識為陳先生接訊息時便有感覺，剛才太過於專注於接收訊息，一時沒有察覺，待回神後才感受到那股從體內散出的冰冷，我全身開始控制不住地顫抖，趕緊穿起外套，轉頭問他們：「你們不冷嗎？」他們搖搖頭：「你比較冷吧，我們不覺得冷耶！」此時，正值六、七月。我伸手握住陳小姐與她表弟的手腕，天啊，體溫一冷一熱的落差好大；我看他們的表情，知道他們也被我的體溫嚇到了。

此時我才恍然大悟，平時我都是請示菩薩、主神、瑤池金母的訊息，今天是請調往生者靈體的訊息，難怪會全身冰冷到發抖不止，這也是我不喜歡處理往生者事件的主因。趁我身體還抵擋得住，我詢問他們是否還有疑問？陳小姐說：「我想知道我弟弟還有什麼遺憾希望我們幫他完成。」

我一闔眼，陳先生的訊息即刻傳了過來：「唯一的遺憾是不曾享受過愛情。」陳先生長的得一表人才，高學歷又高收入，條件這麼好，難道有什麼難言之隱嗎？我向陳小姐詢問：「陳先生在感情方面是否順利？」陳小姐可能沒有想到我會突然冒出這句話，她怔了一下，表情帶點尷尬：

「我弟弟生前從來不曾交過女朋友，以前有認識一個女孩子，我弟非常喜歡她，但女方對我弟沒有意思。」我默默的點頭。

我的體溫已經逐漸恢復，代表陳先生靈體的意念漸漸離去，我問他們還有什麼事情要詢問，此時，一旁陪同他們前來的友人張小姐表示自己有一個私人問題，但不知方不方便詢問。我點點頭說：「有什麼問題儘管開口，只要我能幫上忙的話。」

張小姐家裡是開醫院的，當時陳先生身體不適時曾來過醫院檢查，但院方卻沒有檢查出任何症狀，對於此事她相當自責，她哭著說：「當時如果檢查出是肝的問題，就不會到今日的局面。」張小姐在述說這段往事時，眼淚不斷從眼眶中流出，陳小姐則不斷安慰她：「不要這麼想，你們家已經幫我弟很多了，我弟絕沒有怪罪妳的意思。」我很感慨，張小姐心中自責的痛，應該很難隨時間的流逝而撫平，於是我趁著陳先生尚未離去前，把握住最後一個機會詢問並傳達其意念：「我想跟妳說，因為突然離開人世，才讓我瞭解到珍惜當下的重要性。如果我是活到老年才過世，可能這輩子永遠學不會『珍惜』。妳真的不用自責，我應要學習的功課已在這世結束。」

離去前，陳小姐告訴我，她曾到花蓮著名牽亡靈的廟宇尋求幫助，當乩身將陳先生牽上來時，開口便是：「姊，我在枉死城，我好痛苦。」陳小姐告訴我，她絕不相信那是她弟弟。

我很好奇她為何會如此肯定？因為一般人大多都認為：年紀輕輕的往生者必去枉死城。她告訴我：「我與弟相處三十年，他從不曾開口叫我姊。」她接著說：「都是連名帶姓。」

過了幾日，陳小姐留言告訴我：「謝謝你，今天正好是我的生日，謝謝你送了一份這樣溫暖的禮物給我，也謝謝你不斷散佈慈悲與正信的善念給我們大家。」

## 助念有用嗎？

為往生者助念真的對它們有幫助嗎？往生後為它們所做的一切，能夠送它們到西方極樂世界嗎？

坦白說，我並不這麼認為。

我相信，**我們在往生後應該去的地方，是我們在人世間時就已經註定好了的**，尤其是對今世世俗的牽掛，更是影響了人是否能繼續完成下一階段修行的主因。

我幫不少在世親人請仙佛調過往生者的靈魂意識，祂們（仙佛）常常會告訴我，它還在重複做著在世前的工作，忘了自己已經往生，而有緣的仙佛正在開導它，讓它相信已經死亡的事實。

它沉浸在活著時所造成肉體的重大傷痛，一直忘了「靈魂」是沒有病痛的事實。它正與一群靈體在學習新的技能，這通常是它過世前最大的遺憾（有時是音樂，有時是閱讀或跳舞）。它不相信我們對它所說的事情，只會一直以為還在作夢。

那麼，對於臨終的人，身為家屬的我們又能做什麼？

**⑴保持現場安靜**——不要播放太大聲的佛經，當往生者靈識正在脫離肉體時，內心會有許多徬徨與不安，太吵雜的聲音反而會讓它們更加不安。

**⑵勿在一旁講往生者及親人的是非**——往生者肉體已經停止運作，但耳識仍然會聽到在場人所說的內容，就算靈識脫離了肉體，它們依然會看到現場的每一個人，過多不必要的言論只會造成它們內心對於人世間的不捨與傷痛。

往生時聆聽佛號真能被接引至西方極樂世界嗎？此論點我不是這麼認同，我相信「唯心論」，境因你相信而產生，或許有人認為，要相信還不容易，只要在往生前相信有西方極樂世界，那我必能去到極樂世界囉？然而，在世要相信因果之說就這麼困難了，人在往生時又是如此徬徨不安，要如何能即刻相信呢？相信與信念，還是有相當大的距離，如在世時便未種下「念種」，往生時又如何發芽！南傳禪師阿姜查曾言：「如果在世不相信佛法、不相信因果，往生那刻，就不要再放那些音樂吵即將往生之人，就讓他們在往生那刻靜靜地渡過吧！」

## 如何與往生者接訊？

靈修人的功法不同，並非每個人都擁有請調往生者訊息的能力，二〇〇八年左右，我與錢大哥一行人到北海岸，與北海觀音、地藏王菩薩會靈時，看見自己手上出現了一根錫杖。回程後每一次會靈，都看到地藏王菩薩現於眼前，祂們告訴我，因有種種因緣，今世才有辦法專門接收往生者的靈魂意念。

一般靈修者如想接收往生者訊息，必須與地藏王菩薩會靈，修習祂的心法才能辦事。

會靈是要修習仙佛的心法，而每一尊仙佛的心法也不盡相同，瞭解祂們才會進一步瞭解會靈的最終目的。

那麼，我在接收陳先生的靈魂意識時，它是否有來到現場呢？答案是「沒有」。我有到靈界接引它嗎？答案仍然是沒有——其實它從頭到尾都沒有來到現場。

靈乩與乩童的辦事差別，在於靈乩並非讓外靈附身在靈修人身上，不管這個外靈指的是仙佛或往生者，過程中，我們僅是**透過意念與對方的意念溝通**。以陳先生為例，傳遞給我的訊息大多藉由仙佛的能力將陳先生的靈魂意念投射到我的元神，這便是「意念投射」原理。我的角色就像是一部投影機，僅是將陳先生所要表達的內容反射出來。投影機的底片在投影機裡面嗎？當然不是。

月亮會發亮是因為反射太陽的光，你能說月亮是自發體嗎？不能！因為月亮真的不是自體發光發亮。那麼，你能說月亮不會發光嗎？不能，因為「在我們眼前」的月亮的確有發光。靈修者所修練的是元神意識，辦事過程必須與元神意識融合後再請調仙佛幫忙，也就是說辦事一切都是靠元神意識。

# Q2 如何陪將亡者走最後一段路？

往生親人到達靈界後，會有一位有緣的高靈（仙佛）開導它們，讓它們瞭解在出世前所寫下的人生功課，以及往生後對這一世的心靈收穫。那麼，人在過世前的心態又是如何？他們如何看待目前的生命？

## 插著胃管離開的阿嬤

朋友的奶奶剛去世沒幾天，我認識她老人家十多年了，拈香時特別向老奶奶說：「阿嬤，我來看妳、送妳最後一程了，我會祈請阿彌陀佛來接引妳，妳要好好走，對人世間不要再有任何留戀。妳再也無病無苦了，今世的一切苦痛已成過去，來世妳又是一個全新的生命，妳對家庭的付出是善報，日後妳必得善果。」安慰了友人幾聲後便轉身準備離去，她則送我到門口，並問我是否可以代為詢問老奶奶有沒有遺言要交代。

老奶奶在世時待我如家人，朋友的請求我一口答應。她拉開奶奶冰櫃上的毛巾，向她說：「阿嬤，阿瑋來看妳了。」我看著她莊嚴的遺容，轉換先天意識，向她詢問是否還有遺言要交代，接著，喉嚨一陣苦痛襲了上來，喉嚨、肺、支氣管好似某一個東西塞住，我的嘴一直嘔：「我喉嚨……好痛……想說……話，喉嚨……塞住了……」阿嬤往生前喉嚨好像有東西塞在嘴裡，有話說不出來。

我向友人詢問，奶奶往生前是否有插管或有動過氣切相關的手術，為何她一直向我表示有話說不出來，喉嚨似乎有受過傷。友人告訴我，送入加護病房後有插胃管，口鼻都插滿了管子。

我告訴她，在往生七天內可以透過意念向奶奶告知她已往生的事實，有許多人在往生那一刻分不清楚是死還是生，他們的專注力一直放在「肉體所造成的痛」上，在世親人要不斷提醒他們，一切的苦痛已不再存在，在世的一切已成過去——當肉身不存在時，苦痛亦不存在。

「我自己就可以做得到嗎？」朋友問我。

我肯定地告訴她，任何人都可以做到這一點，不要以為只有通靈人才有辦法，**人的意念所投射出去的能量都是相同的**，這種事由家人來做效果更好，畢竟血脈相通。

回到家中，我向地藏王菩薩詢問：依奶奶今世一切行為果報，往生後她的去處又會去哪裏？老奶奶的訊息很快就進來了。「不要對我的死有任何自責，我對人世間的一切都已放下。」我所感受到奶奶的情緒平靜且安詳。「我今世來到人世間的學習功課，是對家庭、小孩的付出，我學習到付出與家庭的重要性。我在家裡的身分就像一根柱子，柱子（奶奶）頂著樑（家庭），所以樑才能穩固，今日這根樑因我的離去而即將倒下，這是我最不想看到的畫面，所以我的後輩們所要學習的功課，就是要如何讓這個家族不因我的離去而產生變動。因為將來的某一天，他們也會遇到相同狀況。」

沒有任何遺憾的離去最幸福，人生的成功與否不在於物質上的擁有，而是是否能了無遺憾地離去。我向地藏王菩薩詢問關於奶奶往生後的去處，「再兩日，她便會離開人間，將與往生多年的丈夫在靈界相處一段時日。」

人死後真的會與思念之人相遇嗎？聽到訊息的內容後，我不禁產生了一些疑問。

「她的丈夫在七年前已經再度投胎了。」

既然阿公已經不在靈界？為何奶奶還能見到丈夫？

「此丈夫是應奶奶的心而產生的境，靈界的幻化來自於往生者的心念，奶奶今生無大惡，故在投胎前，靈界的一切會順應她的心而產生，這是為了幫助每一個往生者了卻一樁心願。」

那心念不正或行惡之人也是如此嗎？

「心念不正之人，無法決定往生後的去處，一切依此人在世的業（行為、心念）隨境而去。」

我將這段訊息轉告友人，她告訴我，當天我回去後，家中的菲傭與鄰居同一天晚上夢到老奶奶回來看他們，她聽到後馬上向奶奶上香：告訴奶奶她已經往生了，不需要再牽掛肉體的不舒服，一定要相信在靈界將無病無痛。

## 你所不知道的瀕死感覺

《靈界別鬧了》提到：「科學已證實，慢性死亡者的腦波非常混亂，因此可能陷入夢魘中而想不開，旁人無法得知將死者的痛苦，或許還以為他非常安詳。不要以為虔誠於宗教就有用，如果在生前沒學會『夢中醒來』的本事，即使夢裡知道自己在做夢，遇上死前的恍惚夢境將無法脫困。」

人往生那一刻猶如高燒不退、半夢半醒，試想一下，你在生重病或中暑時，是否曾有過那種不知是夢還是真的感覺？即將往生亦是如此，對於一個在世時無任何宗教修行或精神寄託之人，並不瞭解無常、苦與無我的概念。往生那刻，最大的專注力是放在「病痛」或身體感受上，以友人奶奶為例，往生後所感應到的便是喉嚨的疼痛。

## 死後世界由內心創造

為何說藥師琉璃光如來淨土，而不說是「一切靈界之淨土」？是否此東方琉璃世界是藥師琉璃光如來之宏願產生之淨土相？如果是如此，每人皆為靈，有靈即有心念，又因我們心念不足以產生如此宏大的境，故在往生時僅能依當下心念產生所見之境。

替往生者接訊息這麼多年來，我所得到的經驗是**「靈界因心念而產生」**。一個行善之人，往生後必能產生良善之淨土；一個在世虔誠於某宗教之人，往生後必前往因「相信」該信仰宗教所提及的靈界。有人說靈界是耶穌所言的天堂，有人說靈界就像是道教所言那般，有著仙女翩翩起舞，眾仙朝奉玉皇大帝，這些都可以說是因你的相信而存在。反之，一個不相信輪迴因果之說，往生即一切空滅之人，往生後靈界便如它們所相信那般一切空有；同時也因不相信靈魂不滅之說，故容易執著於肉體的存有即一切，而比較容易陷入執著於肉體感受的境。

每一個人都有其守護靈、指導靈，往生後，因為我們的緣而聚集的靈，便會在這時候發揮了功能，祂們會在另一個空間中不斷地運用許多方法來教化它們相信靈魂不滅之說，待它們相信已往生事實及釋懷過去世種種之後，便會依業再行運轉。

# Q3 真的有嬰靈嗎？我們要如何看待它？

翻開《靈界的的奧祕》（生命的實相靈界篇），裡面每則故事都是作者親身經歷，讓我對靈界的運作更加好奇。書中描述歐美國家一些具有靈媒體質的人，透過自己親身經歷、所見等故事，傳遞出靈界的真相。從這些真實故事可以發現，他們是在一種客觀、不帶評論和沒有宗教背景情況下，真實地呈現所見的種種。

## 嬰靈之說是人性對於無知行為的愧疚

在《靈界的的奧祕》中，原作者——柯尼略是一位法國的畫家，也是他驅使靈媒（原為畫室中一位女模特兒）作長期心靈現象的實驗記錄。在「性交和靈魂投胎的神祕」這個章節裡，靈媒蕾翠經過催眠後，透過其保護靈維特利尼的「帶領」，她來到法國某一個婦產醫院，畫家柯尼略向這位高靈提出關於嬰靈投胎一事的疑問，再透過靈媒的嘴巴回答這問題，並得到這樣的回覆——

「懷孕七個月以後的胎兒，已經具有個性，所以殺死這種胎兒是犯罪行為，必定會受到嚴重的報應。」—「靈魂完全宿住於肉體，平常是在誕生的剎那間，但是自懷孕的那瞬間開始，在整個懷孕期間，靈魂會間歇性地進入形成中的肉體，那是因為靈魂要對它這一具住居(指肉體)刻下它本身的個性，並且會修正它在那裏進行的生理上及肉體上的遺傳，俾能給與它獨特的陰影。在懷孕期間，靈魂或來或去，算不上定居，但到了肉體誕生時，它就完全喪失了過去這種狀態的一切記憶，而定宿於肉體。這就是一般性的法則，但多數心靈研究家或靈能者所觀察的也是千真萬確，因為在被註定夭折的小兒(這種命運表示其靈魂已達到高度的進化，而其意識狀態也極為清淨)來說，其靈魂是絕對不會完全定宿於肉體的。」

**書中的這段話勾起我心中對「嬰靈是否存在」這個議題的興趣，關於此議題在台灣有不少的看法，我祈請祂們指示，看看嬰靈是否存在。**

「目前對於嬰靈存在與否存有兩派說法，不管是哪一種，我要提醒你的是，對於嬰靈，我們心中最基本的態度就是尊重，不論嬰靈之說是否存在，我們對於靈體及無形眾生都必須心存尊重，這是身為人最基本的道德。同樣的，我們對於外界所投射的心理，也反映了我們對自身的態度。」

「當今世父母的作為造成嬰兒未能如願出世，嬰兒會因而產生對父母的怨恨嗎？」

**我問道，祂們回答說：**「你必須記住一件事，所謂的『觀念』、『是非』、還有『倫理道德觀』，都是人們來到世間後，受到社會、國家及家人所教導後的結果，在靈界中的這些靈體，其實是不具有此觀念的。」（註：嬰兒會對父母產生怨恨心，來自於台灣人對於嬰靈之說的觀點，建立在華人世間傳統觀念中的萬物皆有靈性之上，在其他國家未必存在。）

「難道它也不認得未能有緣當成家人的父母嗎？」**我問。**

「靈體當然會記得這些人與它的關係，但我必須要再提醒你一件事，嬰靈在未出世之前，思想都是單純且聖潔的，它們不具有任何思想，雖然會認得這世的無緣父母，但就算是因為他們而使自己的生命提早結束，它們也僅會帶著遺憾離開這世的母體，再度去下一世，何來懷恨之說呢？」（註：未出世的孩童靈識並未全部進入肉體中，墮胎過程傷害的肉體亦不會對靈識有任何影響，孩童靈識無法順利出世，亦會有一位有緣的高靈協助輔助它再投胎轉世。）

「有一些通靈人或書籍上告知，墮胎是犯罪及有違倫理的行為，難道他們是錯的嗎？」**這是我所不解的地方。**

「論點及作法是因應不同階層的眾生而產生，只要立基點為勸人向善便是好事（註：但也不能加入過多恐嚇與脅迫的語氣），他們只有一個目的，只是作法與方式不同罷了。話再說回來，尊重是最基本的禮貌及做人的態度，我們（高靈）不會去拿殺掉嬰兒肉體會有嬰靈一事來嚇唬人類，欲勾起人們內心的善念，不一定要用威脅語氣與用詞（譬如善有善報，惡有惡報）。一個人要有善念必須真正從內心升起，是要他能自省及思考後的結果，絕不是拿外力來嚇唬他，這點你瞭解了嗎？」

「難道就不去引導人心向善嗎？」

「我們會做的只是將全盤真相告予人類，至於人類要如何去相信，或者是要從哪一個觀念切入，就不是我們所能左右的。」

「我想瞭解，嬰靈是存在的，是嗎？」

「任何一個有形的東西必然有靈的存在，但我必須要再提醒你一點，當靈離去時，它絕不會帶著恨離去，就算是一個低等靈因此而離去，它也會知道全部的來龍去脈。而我們也是會守護（教導）一個低等靈體的離去，靈既然不帶恨意，何來報復之說。」

學習尊重自身，自然就不會去殘害未出世的嬰兒；如同真正愛一個人，同樣也不會去傷害一個人（去除因愛轉恨的因素），其關鍵就在於「自愛」。我們所投射出去的意念與磁場若是如此，我們的愛會吸引與我們磁場相近之人，便很容易彼此結為夫妻，這樣的人不容易惡意拿掉小孩。在這個過程當中，不幸因為業力問題而流產，不妨予以祝福心來看待這個因業力而逝去的小孩。

**如果你「惡意」把嬰兒拿掉，那是你不懂得「尊重」**；而生活上有不順遂處，皆因起了不善意念所致，只是你怪罪於「嬰靈」罷了——人們習慣將問題投射在別人的身上，而忽略了自身的問題；當我們開始尋找外力來解決嬰靈，比如佛經、甚至還有人在房間貼上符咒等，一味地尋求外力幫忙，但在內心並沒有懺悔，對之前所犯之錯沒有感到自責，此時就算你去求神問卜，神佛也不會告訴你真正的答案。真正的訊息是給予聽得進去且有心向上者的。用誠懇的心去面對曾犯下的不尊重心，或許才能真正解決嬰靈的問題。

# Q4 每個人都有守護靈和指導靈？

對於守護靈與指導靈，我有許多的疑惑與不解，所以曾向祂們詢問，何謂守護靈與指導靈？結果得到這樣的答案：

「守護靈的產生是來自於信仰之力和在人世間的道德品行，一個人如果想盡力扮好為人子、為人父母等角色，或是虔誠於某一宗教，守護靈便會因我們的念而產生。守護靈的角色就如同人與影子一樣，當我們的正念愈強時（光），守護靈的能量和輔助我們的能力便愈加明顯（影子）。

這裡要強調的是，守護靈不具有神格，也不算是一個完整的靈或神，守護靈的產生與否、能量頻率高低，決定於當事者心念，如果以為拜的神祇多、頻繁地跑宮廟，守護靈的靈格就會愈高，這完全不合邏輯！

如果一個人能做好人世間應盡之本分，所產生之守護靈靈格、能量頻率絕對不輸有宗教信仰之人。不要以為信仰與守護靈有絕對關係，心力才是決定守護靈產生與否的關鍵。

守護靈的產生是一種非常自然的大自然運作法則，這和『你使力於某一點而另一點一定會受壓』是一樣的意思，它沒有太高深的道理。守護靈並無法像高靈（仙佛）那樣，擁有能量去淨化空間、改變能量場，或是讓我們心想事成——神明，並不單單指你們在人世間所拜的偶像，真正的仙佛其實並不在我們能見、所想的空間，那就好像太陽一樣，你們所拜的神祇只是大太陽所投射出來的光，光只是佔太陽能量中微不足道的一小部分，離太陽本體還很遠。

因此，與其說是守護靈，用『隨身靈』一詞或許更恰當，隨身靈讓我們不受其他低等靈、外靈的干擾，讓我們在做事、看事物的角度和思考的切入點更透徹。」

守護靈的產生與我們心念有關係，它們可能會是我們今世或過去世的親人、友人等。每個人都有守護靈嗎？不一定，一個懂得做好本分，從內心升起愛心、慈悲心與助人之心的人，自然會有守護靈與我們同在，這與拜拜並無關係。守護靈會守護著我們不受外靈干擾，在生活中能得到更多的直覺力，以開啟我們對人生不同的觀點。

有些靈體在世時擁有一顆善心，當它們「執著」於累世所修習的功課時，在靈界就會一直鑽研這份技能。如果它（靈體）希望透過某一個人世間的人來完成它未竟的功課，而此人在今世又能與靈體相通（理念、觀念、看法），那便容易吸引這位指導靈的到來。

從這點大致可得知，如果一個人在人世間擁有許多技藝，比如哲學性的思考邏輯、繪畫方面的技巧、口若懸河的口才等，那就可以猜出此人有一個擁有許多專長的指導靈。

我曾經問過祂們關於自己的指導靈，祂們告訴我，我身上的指導靈來自於幾千年前的一位西方哲學家，在世時它不斷地探討宇宙與人性的奧妙，因為種種因緣，今世我與它有了靈性連接，所以我才會擁有類似哲學性的思考邏輯。不過，因為我對於人性的瞭解仍然不夠深，所以還無法與它有緊密的連結，這就必須從後天心性去培養起了。

許多宗教大師，如慈濟的證嚴法師、法鼓山的聖嚴法師等，在全世界獲得無數的信徒的擁護，有一大部分的原因來自於他們本身承傳了某些仙佛的宗教能量，人們對仙佛的信仰因而轉移至他們身上，而與他們有緣的仙佛便是他們的指導靈之一。傳承力來自於信仰力，能真正與仙佛相應的人，才有機會獲得這分不可思議的力量，這不僅侷限於宗教，從事任何行業的人都可以做到。

指導靈的存在與守護靈的存在，有許多的共通點：

**(1)它們都是因心念而產生**。不要小看心念，一個的心念不僅會影響前途、未來，甚至對周遭環境也會產生莫大的影響。

**(2)行善與守護靈、指導靈有所關連**。回歸到原頭，還是決定於「心念」，行善不等於正念。

**(3)是否具有傳承的心念**。假設一個人特別喜歡某一尊神明，對於這尊神明的心法、品行和祂所傳遞的智慧，都能去深入瞭解，那麼他與這尊神明便容易產生某一種緣分、關連——如果一個人在人世間所學習的技藝，能真正傳承於歷代古人的智慧，那麼此人必能與這位前人在世時的心念做呼應。

# Q5 神像一定要開光嗎？

在等候問事的客人時，看到一對母子前來用餐。這間店前的玄關處，放置了一尊大約三十公分高、材質有點像銅質的坐姿觀世音菩薩，像前點著一座香爐。以往到店為人占卜時，很少留意這尊觀世音菩薩，一直看到那位媽媽誠心合掌向祂膜拜時，我才留意到。

我猜想這尊觀世音菩薩應該還沒有開光，店老板常常更換玄關前的裝置藝術品，這尊觀世音菩薩對她而言應該只是一尊藝術品，不過既是藝術品，怎麼又會在觀音前面放香爐？

一般來說，只要放了香爐點了香，就會有靈體產生，假使還有民眾朝拜，神像便會更容易產生靈體，而且是有可能產生與所雕神像相同的靈體的。舉例來說，觀世音菩薩的神像開了光，祂的能量便會注入這尊神像中；然而，如果是在神像未開光情況之下，像前放置香爐、點了香、又有人在朝拜，注入這尊神像的靈體靈格究竟是什麼，就比較不一定，有可能是觀世音菩薩，也有可能不是。

假使一家的主事者常常抱持著正念、正信的虔誠心，供奉神像，在生活中做好應盡的本分，神像靈格便會較高（註：別人家的神不一定比較好，宮壇所供奉的神也必未比家神正派），反之，一家的主事者在生活中常以邪念處之，常常祈求賜不義之財，就算一開始神像中的靈格頗高，隨著時間流逝也會降低。

趁著預約客人未來前，我向祂們詢問心中的疑惑。祂們告訴我：「一樓這尊觀世音與樓上觀世音是同出一個脈源。」原來店老板樓上另有一尊黑色木頭材質的高大觀世音菩薩。

祂們告訴我，雖然樓下的觀世音菩薩沒有開光，但與樓上同為觀世音之形象，加上家中神像能量高低取決於主事者的心態，故樓下拜的觀世音靈體與樓上相同。不過，這必須以同一尊神明才適用，假使樓上與樓下神明不同，樓下的神像供奉了香爐，又有客人在朝拜，最好還是要有開光，以避免其他外靈的注入。

祂們傳訊給我的同時，有一個直覺在腦海中呈現：「觀世音菩薩」是一個相當龐大的能量體，樓上的觀世音菩薩神像因為開了光，便導引那股能量流的注入，而一樓的觀世音菩薩雖未開光，但皆為觀世音菩薩，又因是同一位主事者，故一樓神像的能量是源自樓上那尊觀世音菩薩。

從這裡可以瞭解，假使家中有供奉兩尊相同的神明，一尊有開光而另一尊沒有開光，人們朝拜沒有開光的神像時，等於朝拜有開光的神像。

## 開光不開光，端看供奉神像的方式

假使家中是以道教方式供奉神像，放置有香爐且固定上香拜拜，那麼我會建議神像要請人開光，以免非雕塑神像之靈體出現。供奉神像之處則以乾淨、清爽為主，家庭中供奉神像，重質勝於重量，多尊神像並不能代表保祐的能力較強，拜拜是希望能得到心靈上的寄託，當供奉神像的場地不大，神尊太多反而造成空間氣場混亂；何況有香火之處大多會吸引外靈（神鬼）到來，除了供桌上開光之神像有外靈入駐，一旁未開光之神像是否亦有可能外靈入駐？整間香煙瀰漫，心靈如何清靜與安寧？

假使家中是以純佛教的方式供奉神像，不上香、不焚燒金紙、不放香爐，僅以茶水、素果供奉神像，以念誦經文、持咒、觀想做平日功課，如此便毋須開光。雖然大多數台灣人都習慣上香，但在一些南傳佛教中，不少佛寺神像並未開光，他們平時以靜坐、修心為主，神像功能僅在於內心的精神寄託。

## 其他非雕塑神像之外靈可入駐嗎？

影響外靈入駐神像的可能性相當複雜：

⑴主事者心態。

⑵供奉場地的環境。

⑶神像是否有破損、毀壞。

⑷家中的氣場。

風水學認為，有許多情況不宜供奉神像，如神像背後不得是廁所、房間、樓梯或門口右前對角（虎邊）等等，但台灣人有一種「有拜有保祐」的心態，就算家中的環境再不適合供奉神像，仍然會找一處「尚可」之處安座。假使家中環境真不適合、沒有吉方放置神像，在初期開光時或許有正神入駐，但隨著時間流逝，因環境不妥、氣場不佳，原本入駐的神像也會逐漸退掉，上香拜拜的主事者如未察覺，便很有可能變成都是在拜外靈。

此外，家中有供奉神像真的就能保證生活一帆風順嗎？**神通抵不上業力、心念影響未來**，人不會因拜神而致富，卻有可能因為拜錯神而家道中落，有時過著簡單生活也是一種修行的方式。

# Q6 每個人在靈界都有間反應現世的房子（元辰宮）？

傳說在靈界，每一個人都有一間屬於自己的元辰宮，可以從中一窺自己在人世間的健康、財運、人脈、事業、感情——元辰宮裡甚至還有一本撰寫著當事人在世間最終壽命的生死薄。探元辰宮與觀落陰並不相同，觀落陰是指到靈界尋找過世的親人，而探元辰宮是至靈界觀看屬於本身的花叢與元辰宮，不管是何種，皆須透過觀靈術才能進行。

觀靈術基本上有兩種，一種是當事者以本身靈識去靈界觀看，但因為並非每一個人都有因緣能以本身的靈識進入，所以衍生出通靈人「代觀」的形式。一般認為，世人可以藉由至元辰宮的機會調整在人世間的不足之處，若有健康問題，元辰宮的花叢就會呈現枯萎或葉子有黑斑的狀況；生活中沒有熱忱，元辰宮內的廚房柴火便不足，可以請主神加添柴火補足等。

在傳統觀落陰的儀式中，雙腳須踏在一張符咒上，雙眼被一條反折符咒的毛巾矇住，法師會在一旁邊敲木魚邊持咒語，信眾過程中有看到任何景象，須馬上回報給引領的法師，法師會在一旁給予協助與講解。

## 初次轉換元神意識觀元辰宮

靈修法中的觀靈術，無須任何咒語、儀式、符咒，只有幾件注意事項和觀念。在錢大哥的指導下，我也利用觀靈術觀看了自己的元辰宮——

我闔上眼，以打坐姿勢靜靜地坐在椅子上，腦袋放空，專注力放在鼻息之間。此時的意識感受很空洞，下半身有一種半透明的感覺，我的身體開始前後晃動，逐漸開始感應到一些模糊景像，我的雙手向前方舉起：「眼前出現一條石頭路，上面好像是鋪滿了鵝卵石。」我的手比出大約一米寬左右的距離，身體仍不自覺地前後晃動，彷彿就像在一條小徑上行走。雖然是在無人引導之下進行觀靈的儀式，但因為冥冥中感受到有某股力量帶領著，所以我並不會感到特別害怕或恐懼感。

接著，眼前隱約出現一堵白牆，牆的前面並列站著兩個人，兩個人旁邊都有一個走道。我看不清他們的長相，只能初步判斷兩人身高差不多。「我另外有事無法帶領你，今天就請他陪你去。」說話的是右邊那個人，過程沒有任何聲音，一切都是感覺，他說完話後，站在左邊的人便向我走了過來。

當他一靠近我，前方突然又出現了一條小路。一路上，我沒再看到任何景象，也看不到有其他人存在，而那個人則一直保持距離，跟隨在我身後不遠之處。這種經歷非常奇妙，就好像在看一部3D電影，你不屬於電影世界裡的一員，卻以第一人稱的視點身在其中。

後來場景一轉，我突然出現在一間白色平房裡，好濃好濃的油漆味撲鼻而來。靈界怎麼會有味道？我不自覺撇過頭，發現地上全是小石子，怎會有人在房子裡鋪小石子？

「之前的茅草屋漏水了，現在要將地基打掉重蓋成磚造屋。」咦？我沒看到人，怎麼有人回答我的疑問？茅草屋在瞬間換成白色磚造屋，似乎代表某個涵義：「對於人生有了全新想法？還是做了某種事情改變了未來？」

我看了一眼客廳右邊一扇小小的半掩窗，我的窗開得好小。直覺告訴我，元辰宮的窗戶代表人脈與視野，這是否反映了現實生活中我的人脈過於封閉？「可以把我的窗打開一點嗎？」我自問自答，一個聲音出現在我心中：「當然可以啊！」一下子窗子就全開了，但是窗子還是好小，感覺比監獄觀看犯人的鐵窗大沒多少，一個念頭閃過我腦海：「全開可以改善現有的人際關係，但窗子本身還是很小，反觀現實生活中的我，在人脈上確實不夠寬廣，可能我習慣獨來獨往，應該要好好地耕耘我的人脈。」

客廳兩側各有入口，我站在客廳中間無法窺探裡面，但我猜測應是通往廚房和寢室，我動念想走進其中一條走道，但不管怎麼努力就是走不進去。我心念一轉，瞥見客廳前方的供佛桌，發現佛桌上竟空無一物。我心想，不是應該要有供品與蠟燭之類的東西嗎？

「在傾斜的桌子上要如何放東西？」一道聲音閃過我腦海。

那麼，可以幫我扶正嗎？

「可以先扶正，但是無法換新的桌子。」同一道聲音又再閃過，到底是誰在說話呢？

接著我看到類似厚紙片或瓦楞紙之類的東西，於是將它硬實實地塞進某個桌腳下，桌子馬上不再傾斜。隨著桌腳扶正，供桌上陸續出現許多供品，但還是沒看到蠟燭，供桌怎能沒有蠟燭？我希望點兩盞蠟燭，才剛想完，桌子馬上出現兩盞蠟燭。哇，怎會這樣？心想還真的會事成呢！

畫面一轉，我又馬上站到屋外，但是我還沒看完呢！

「時間差不多了，你來太久了，應該回去了。」奇怪？我感受到元神在另一個空間。

我在心中默問：「帶我來的那個人在哪裏？我怎都沒看到？」

「祂一直都在你後面。」現實中的身體不自覺地轉頭向後看去，好像剛才那個人就真正站在我的右後面。然而，現在一切靜悄悄的，景象都已不見。我雙手合掌感謝祂們給予協助，然後睜開了雙眼。

## 為人代觀元辰宮

不只有看我自己的元辰宮，我也幫過靈修友人代觀元辰宮。

首先映入「眼簾」的是一間舊式、昏暗的廚房，有大灶也有大鍋子，卻少了柴火與水。一個直覺閃了進來，柴火與水在元辰宮代表財運以及對事業、生活的熱忱，我嘗試去添加更多柴火，卻始終使不上力，就算在心中祈請主神幫助，也不見柴火和水增多，於是只能向她表示我幫不上忙，但仍可祈請與她有緣的主神協助，此時，一個聲音告訴我：「靈界之事並非一般人所想的皆能隨心所欲，一切須待時機與有緣的仙佛才能幫上忙。」這讓我反思我是否對自己的能力自視過高，以為觀元辰即能改變一切，卻忘了因緣之事存在著階段性的問題。

接著我轉頭看了牆壁一眼，牆上空空的，沒有吊掛任何食物。古早的廚房牆上應會掛滿食物，例如菜頭、玉米、辣椒等，但此間廚房卻讓人感到空虛，是否並代表她對未來抱持的心態？離開前，我祈請斗姆星君幫助改善廚房能量，祈盼能間接影響她在現實生活中對未來懷有新的熱忱。

然後，景象一變，我來到一間單人房：「怎會直接來到房間？」我正在納悶時，心中又浮現一個聲音：「婚姻！」這時我才明白祂們安排的目的。她已經過了適婚年紀卻仍是小姑獨處，或許上天有意讓她瞭解此生尚未完成的婚姻課題。

「單人床？單人枕頭？」都是單人份的床具，怎可能會有因緣呢？我跟她表示所見之物，坐在我對面的她不斷苦笑：「就是身邊無良人啊。」

我問她是否想要改善？她表示願意。在代觀元辰宮的過程中，我必定先詢問當事者的意見後，才會進行下一個動作——在幾次觀元辰宮的經驗，我有一個心得：「心念的投射是改變未來最大的能量，如果當事者不願改善，旁觀者如何能去做任何的改變？」

我祈請高靈的幫助，讓寢具有了雙人份，剎那間枕頭出現了兩顆，但床依然就是單人床大小，可能是因緣還未聚集的緣故。正當我要轉身離開時，突然有一個兩歲左右的小朋友拉住我的右手，雖然年紀應是兩歲，但小孩的外表至少有七、八歲，怎會如此？我形容了小孩的外表，友人突然想起，她許多年前到國外訪友時，會見一位修行老師，對方說她旁邊站著一位小朋友。

她請我代問小朋友是何人，以及為何出現，話才剛說完，我馬上感應到小朋友的心聲：「小朋友說等妳很久，但妳似乎一直不喜歡他。」好像SNG連線，靈界與現實似乎存在同一個空間裡。從事幼教多年、擔任園長的她急忙澄清，她就是喜歡小朋友才會從事幼教，只是婚後不想有小孩。

過程中我既看不到也聽不到，一切的一切都像是直接映入我的心頭一樣。她在講話的同時，我的頭不斷地傾向右邊，好像在傾聽站在我右邊的小朋友講話，小朋友告訴我，他應該在她三十六歲那年就來到人世間才是。

原來，三十五歲那年，她與一位大他五歲的男士相識，原本已論及婚嫁，但因家人反對而告吹，假使真能在三十五歲結婚，或許真的就有機會在三十六歲生孕。至此，我才恍然大悟，為何小朋友的外表看起來大約七、八歲的年紀了——此事距離觀元辰宮當下已經是七、八年前的事情。

我問她是否還有打算要結婚，她很肯定的點了點頭。我跟她說，小朋友表示會想辦法讓她在一至二年內有對象出現，對方年齡會比妳略小一點，是一段異國戀情，她向我表示，她有不少段戀情都是發生在國外。

觀看到此時，我的精神已經感到疲憊，感謝主神與斗姆星君後便結束了今日的代觀元辰宮行。

## 你所不知道的元辰宮

我們必須要明白，「元辰宮」只是內心（當下）所投射出來的現況，因此它是可以被改變的。如果我們想要更好的未來，那麼就應該用正確的心態去努力，如果你在觀元辰宮後受制於元辰宮的影響，那不過就只是照著我們的舊心念向前走而已。

元辰宮的存在與否，或是過程的真假，都不是我想要研究它的主因，我在本書談元辰宮，也僅僅是想向大家傳遞一個訊息：「人世間存在著太多的未知數，我們在今生今世費盡精力，對於這宇宙萬物所知的一切，如同人身上的幾根汗毛而已，以佛陀之修為，要像祂一般悟證一粒沙一世界，是多麼的困難與不可思議，我們又何德何能自誇自己已經有通天的本領，古人曾用一句話來形容學問之高深：『學者如牛毛，成者如麟角。』如果你參悟此事，靈修之路就不遠了。」

**元辰宮反映了我們在現實生活中的態度、觀念、財運、感情等種種狀況，但不應本末倒置來反求觀元辰宮來解決問題**，這就好像人臉上的痣一樣，痣只是反映內心世界與未來的運勢，如果希望藉由點痣來改善運勢與個性，就是忘了修心的重要性。

# Q7 二〇一二世界末日真的會來臨嗎？

對於這個即將在二〇一二年十二月二十二日面臨的次元改變，在網路、書籍及相關論壇，有相當多的不同看法，以下內容僅為個人對於二〇一二年的淺見，以提供不同的角度、不同的思考空間，認同與不認同，端由個人的看法與觀點所決定。

我向祂們詢問二〇一二年世界末日之說，祂們說：「此事件為有能力之人所為。」

什麼叫有能力之人？

「有能力之人指對此領域有深入研究的專業人士，有些則是具有特殊敏感體質的人或通靈人、神職人員，將此觀點放大與自我詮釋。」

祂們的意思是，二〇一二年本身就是一個特殊的時間點，之所以在全世界被炒得火熱，大多加諸了許多個人觀點及利益動機，如此作為已經偏離了原來二〇一二年存在的本質。

世界上有許多具影響力的宗教人士，他們所講的內容亦虛虛實實，全為虛便容易被人看穿，全為實亦不太可能，畢竟他們是人，既是「人」，對於事件的看法本就融合了主客觀的想法及其過往的經歷。

祂們提醒我：「他們是如此，你亦是如此，你的觀點也並非全部正確，依然包含了你的心念、觀念，以及投胎時對某件事的刻板看法，隨時保持一顆謙虛的心才是最重要的。」

我又再向祂們詢問，二〇一二事件是否屬實。

祂們僅簡單回答我：「平常心看待就好。在此要向你說明一個觀點，我們（指高靈、仙佛）不會傳遞任何令人類感到恐懼與不安的訊息，恐懼與不安是阻礙靈性成長的主因。」

「所以說，二〇一二並不會造成地球毀滅，是不是呢？」這才是我所在意之處。

「不論是否有世界末日之說，都是存在於未來尚未發生之事，而今日的你是過去行為、心念、習慣所造成，透過觀察過去反省當下，你在靈性方面才會有所成長。二〇一二年是一個世紀的轉變點，如同每一個宗教、國家都經歷了不同的轉變時期，它不是一個明顯的界線，而是一個漸進式的轉變時期……二〇一二事件是星體運行後所產生的結果，並非你們人類有能力可以左右，無須去加諸不必要的聯想放大看待，最重要的是人們是用何種心態來看待周遭、與你共同生存於地球上的朋友。」

第三篇　交叉點

# 打開靈修的潘朵拉盒子

許多關於靈修的問題，從我開關部落格後，便像跳針的唱片，重複出現在我的留言版中，「同義複詞」不斷地出現在不同人身上，雖說靈修法門因應人心不同而有所變化，核心價值卻是大同小異，看看以下的問題，或許你的疑惑就在這裡。

# Q1 什麼是啟靈？什麼又是元神？

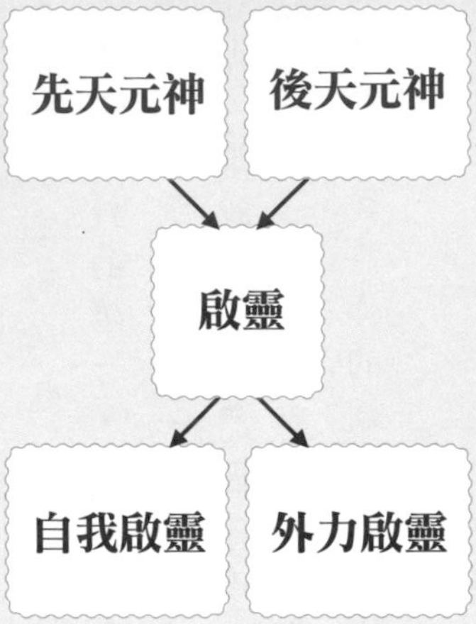


啟靈，簡單來說即是：**喚醒元神意識**。

啟靈的方式，可分為自我啟靈與外力啟靈兩種。一般來說，元神與後天靈一起投胎至今世，所以通常稱這種元神為「先天元神」。帶有先天元神之人，從小容易對宗教、神祕學、神學、占星學產生濃厚興趣，在如此天性引導之下，先天元神會在時機成熟時以自我方式甦醒，我與小相便是屬於這個類型。

我有兩位從事歌仔戲工作的師姊，小師姊在我去他們家淨化房子時，因她與我的元神相會而自我啟靈，事後，大師姊因動念想擁有與我們相同的體質，且她亦是帶先天元神之人，在一次機會裡，也在我家中自我啟靈了，如此特殊情況，皆是帶先天元神之特有的觸機。

而後天元神啟靈者，大多必須靠外力啟靈來輔助，一般來說，宮壇式啟靈法針對的就是後天元神。至於帶先天元神者，待時機成熟，大多無須依靠外力就能甦醒，他們大多累世不斷地持續於修行上（不侷限於宗教），虔誠心與精進心讓每一世的元神都能與最初的意識保持不中斷，才有機會在末法時期的今世再度覺醒。而帶後天意識者，則是因為在無數劫中失去了修行心以及其他因緣，而與最原始的元神中斷了，是在後天因緣俱集之下，才又再產生一個新的元神，這就是所謂的「後天元神」。

這裡所指的元神，與精、氣、神中的神不相同，每一個人都是精、氣、神，但並非每一個人都具有元神意識，真正帶有先天元神的靈修者並不多，大多數的靈修者都是後天元神——就算今世沒有帶元神者，只要有一顆虔誠心，依然會因我們的心念產生新元神。

帶後天元神的靈修者，亦可能透過自我方式啟靈，而先天元神之人，也可能是藉由外力啟靈，啟靈方式與先後天元神關係相當複雜，一切皆依不同因緣而產生不同的變化，不論是何種方式，待啟靈後元神意識融入原本後天意識中，此時二者便再也不能以分別心看待——想與元神意識真正融合、再心識相通，便不能再以「它」與「我」相稱，一切都必須以「我」自稱。

啟靈後，元神僅是一個能量、意識體，不具有任何思考、判斷能力，許多人在初啟靈時常會胡言亂語、自稱仙佛轉世等，其實都是因為自我心念和過去世記憶的顯示。

意識粗分為顯意識、潛意識和集體意識，而元神初期覺醒時，混雜著多種意識呈現，這才導致啟靈後的狀況如此讓人複雜難懂。因此，**要瞭解一個人啟靈初的亂象，還須探究個人的內心世界。**

## Q2 你為什麼會啟靈？

如今，我們正處於所謂的末法時期，每一條元神都希望能在這一世圓滿修心回歸天庭，人們不再盲目追隨老師的名相，而是希望透過後天靈與元神意識修心養性，這就是此時期元神覺醒的人愈來愈多的主因——**唯有瞭解自己的人，才有可能真正地徹悟人生的道理**。

一般人對於修行的認知都停留在：這是「老人家」的事，認為人生先要努力工作賺錢，為家人付出一切，待年老閑暇時再來修行。暫且不論是否真有所謂的世界末日、末法時期，修行本來就沒有時間性——就像是死亡一樣，隨時伴隨在我們身上，何時離開人世沒有人會知道。

啟靈引導我們向內心世界探尋，瞭解內在覺知便是進入修行的法門。話雖如此，人們還是習慣會找老師、師父來教導我們靈修，這不是不行，但我們必須要明白老師也是人，他的心念可能會改變，所以，如果你沒有培養出專注力與思辨力，就很容易受到老師的左右，不小心的話還可能選擇了不好的修行方式。

## Q3 啟靈是「精神分裂」？

大多數沒有靠「外力」啟靈之靈修人，很容易會被誤認為是外靈附身，對靈修不瞭解的老師（領域不同，見解當然也會不同）也曾經說我被外靈附身，有的人甚至會將啟靈現象解讀成是「多重人格障礙」、「精神分裂症」等精神疾病。

然而，除非尋求過專業人士的協助，否則我不建議大家如此隨意地將這些名詞套用在啟靈的靈修人身上。多重人格障礙如今稱為解離性身分障礙，指一個人身上有多重性格分離的現象，在《二十四個比利》中，作者丹尼爾・凱斯以當事人比利為第一人稱，撰寫一個真人實事的故事，主人翁威廉・密里根是美國史上第一位犯下重罪，經多年審判後獲判無罪的嫌犯，因為他對於所做之事完全不復記憶，也因為他是一名多重人格障礙患者。

除了「比利」本身外，他體內還擁有二十三個（含本身共二十四個）性別、年齡、智商、國籍及性格各異之人格。比利的前半生完全由這二十四個人格操控著，其體內意識就如同一個圓型的舞台，投射燈照亮著舞台，舞台邊則坐著那二十四個人（人格意識），有人聊天，也有人睡覺，誰站上舞台，誰就能操控這個肉體在這世間的生活，而這個操控權現在則是在一位名為亞瑟的二十七歲英國人身上，當比利隨著年紀增長時，亞瑟意外發現，原來除了他和比利本身之外，體內竟然還潛藏更多不知名的其他人格。從《二十四個比利》中我對解離性身分障礙有幾點整理、歸納：

⑴當非本我意識出現時，自我意識即進入未知狀態，也就是當體內未知意識出現時，本我對於所發生的一切皆不自知。

⑵每一個人格都有獨立的身世背景，如國籍、年紀、姓名、性別等，而外顯部分如情緒、行為模式、態度等，差異通常很大。

⑶潛藏意識大多選在心情低落時出現，比如危險、無助、不想面對周遭事物的時候。

⑷常常會有短暫的失憶狀況。

⑸注意力與集中力減退。

⑹研究數據顯示，患者小時候大多遭受過肉體或精神上的創傷，如受虐、輪暴等。

以上僅是我將所收集到的資料做個整理，有興趣的朋友歡迎查閱相關醫學網或書籍。

至於元神與解離性身分障礙之間，則有許多完全相異之處：

一、**當靈修人處於靈能狀態時，對於所做所說的一切，本身意識完全清楚。**

元神就是肉體，而肉體本就與元神為一體，所以當靈修人進入靈能狀態時，只是物質層面的意識較薄弱，但並非完全進入無意識狀況，這也是與一般外靈附身最大的不同之處。

二、**一般修得較精進的靈修人，要進入靈能狀態大多是採主動權**。解離性身分障礙的患者對於何時發病，大多不自知且處於被動狀態，而發病時間點大多是因為環境或情緒產生激烈變動，相較之下，靈修人進入靈能狀態則完全握有主導權，一些功力較高的靈修人當下即能進行靈能狀態，但對於功力較低之靈修人來說，可能要處於身心靈完全靜空的狀況才能進入。

三、**處在靈能狀況所做出的一切行為，靈修人擁有絕對的主控權**。解離性身分障礙病患在未接受正統藥物控制之前，不僅無法決定何時發病，甚至無法操控所發生之一切行為。反觀靈修人，則是完全可以控制靈能狀況。靈修人在元神被喚醒的初期常有無法控制的現象發生，比如常常會感到地震發生、身體會不自覺地搖晃，還有人一到極陰的地方或香火鼎盛的廟宇，也會無法控制靈動感，甚至嚴重打嗝、嘔吐，但當修習愈進狀況，元神與肉體之間的密合度提升之後，這些狀況將會慢慢減少。

四、**在靈修路上不斷思辨的靈修者，相當擅於處理自身的情緒問題**。解離性身分障礙患者對於處理事件或情緒方面的反應，容忍度相當低，常常可能因一句話或一件事即無法自處，更有些患者會選擇封閉自己的人際關係，完全不與外界溝通。

一位靈修人是否能準確地接收到訊息，這其實關係到元神與肉體之間的「密合度」，除了在平時須不斷針對肉體修習精進之外，想要成為一個好的靈修者，還需要擁有一顆寬容與慈悲的心，更要懂得處理自己的情緒，如此才不會讓負面能量殘留在自己身上。

# Q4 元神會用讓人不舒服的方式提醒它的存在（靈逼體）？

靈逼體發生在許多靈修人剛啟靈的前後，大多是在提醒人們元神的存在，以及提醒當事者修行的時刻已經來臨。當靈逼體發生時，有些人會特別容易疲累，有人因為常常昏倒而無法正常工作，友人則是莫名的發燒不退……，靈逼體造成的肉體不適，會因靈修者本身的體質不同而有所差異。

**假使你放任不管它，靈逼體造成身體的不適會繼續發生。假使你相信它，而以為就是元神作祟，依然會感到身體的不適。如果你不在意它，重心放在生活當中，靈逼體的現象就會降低甚至消失。**

有些人因為靈逼體而不得不走上靈修之路，有些人則是坦然面對它並且改善狀況。從我接觸過的許多例子來看，我認為並沒有靈逼體的存在，一切都是人逃避自己人生的說法。換句話說，只要回歸生活，以正統醫學去面對身體的不適，回歸規律的生活作息，心態上避免事事都扯上玄學與宗教，自然就不會受到「靈逼體」的影響。

在二〇一〇年農曆七月半，從嘉義上完靈修課回到家中，全身突然無力與嚴重暈眩，躺在床上足足六天無法動彈，而且完全無法進食，每吃進一口食物，下一刻就吐了出來，對此，我一貫的處理態度就是休息、運動，還有多睡。等第七天拿東西給錢大哥時，他問我是不是病了七天，原來一位當天同在嘉義上靈修課的學員到他家中作功課，他看到她所書寫的天文才知道我病了。

他告訴我，雖然農曆七月並非鬼最多的月分，但七月鬼門開已是千百年來華人世界的傳統，幾千萬華人聚集的念力創造出鬼月習俗，就算一開始不是真的，最終也因心念而成真——至少在靈的世界是如此，我們也得尊重它們的存在，一般宮壇道場都會在鬼月休館，就是基於尊重彼此生存空間的立場。

嘉義上課的教室，平時並無人居住，在鬼月更容易有鬼靈寄居，未經告知好兄弟，我便在課程中自行轉換元神意識淨化空間，無異是打擾到了鬼靈，而身體不適便是鬼靈干擾的結果。錢大哥幫我做完處理後提醒我，對於身體不適，不要再想任何關於無形之事，回歸到生活，以堅定的意志力面對，過了七月就會平安沒事。我遵從錢大哥的建議，不將身體問題與它們聯想在一起，一過七月身體果然不藥而癒。現實生活中許多關於靈的事情，很難以通論來看待，它的存在與否，與一個人的自我意識有絕對的關係。

靈與意念之間的共存關係，就像火（靈）與氧氣（意念），當氧氣不再繼續供養火，火便隨之煙消雲散，此觀念不論是仙佛或鬼魂亦是如此。

# Q5 初啟靈時通常會大哭大鬧？

初啟靈的人，通常會有兩種現象：

一、**大哭大鬧，不斷地向堂上神明哭泣**——這種狀況以女性居多，台灣女性在家庭、工作、感情方面所承受的壓力比男性大，元神覺醒時摻雜了內在壓抑的意識，因此會藉元神覺醒時抒發內在情緒。靈修本來就有抒發情緒的功能，書中提到的冠群二姊，便是透過靈修上的情緒轉移而使原本的憂鬱症得到舒緩，但一切都必須適可而止，假使一位靈修者每每轉換元神意識後都是大哭大鬧，那就不是好現象，有時弄假成真，會成為一種假寄託。

二、**自稱仙佛轉世、降駕**——靈修者是不可能會讓仙佛附體，以兩個簡單邏輯就可以清楚說明。

⑴轉換元神意識後，靈修者依然保持清楚的意識，自己的所作所為當事人都是知道的，何時開始、何時結束，當事者亦有絕對的主導權，假使如乩童那般讓外靈附體，當事人是不可能還保有後天意識。

⑵稱為仙佛者皆已跳脫輪迴，皆是純靜的高能體。早期乩童要讓仙佛附體，必須經過一整套長達三年左右的嚴格訓乩過程，如閉靜、茹素等，才能讓外靈意識百分之百進入乩身（一般附身辦事之外靈，未必是高層次之仙佛）。反觀靈修

者，大多未經歷早期乩童訓乩過程，食、衣、住、行與一般人無異，肉體、意識便不可能純淨，高靈又如何能進入靈修者身體。

靈修者初啟靈時，元神會自稱仙佛轉世的原因有很多，大多是受到宮壇、道場的影響，潛意識裡認為啟靈的最終目的是替天行道、開宮辦事一途，或者本身有特別信仰、膜拜之神或今世熟識之仙佛，由於潛意識中留存祂們的形象，啟靈時元神意識便會呈現出來。

只要當事者不去在意，加上被具有正信觀念的引導者帶領，哭鬧、情緒不穩定很快就會過去。反之，當事者內心有想要讓仙佛借體的念頭，或者喜歡那種神祕的力量，這種現象就會一直影響下去。

# Q6 元神是我還是神？

「有為是後天，無為是先天，以後天返先天。」

這句話點明了靈修人如何看待元神與後天靈的關係，元神是一個沒有思考能力的能量體，是我們後天靈的意識賦予它對事物的反應，所以不要把它當成另一個靈體來看待。不論啟靈後發生在我們身上的種種異象為何，都要提醒自己，**它是你內心另一層面的顯現**，它只是單純地呈現我們未知的意識。

## 元神只是提醒另一個世界的存在

人看似是獨立的個體，其實在潛意識與集體意識中又藏匿著許多連我們自己都不知道的意識與能力。所以，科學家才說人的一生當中，僅僅運用了大腦十％不到的潛能。元神便是協助我們去開發大腦內九十％廣大不可預知的能力，它是一個充滿無限智慧的寶盒，前提是我們必須要懂得操控它、運用它。

在這之前，我們必須先學會控制自己的心，一個修行人的心不會到處奔馳，它只會穩穩地在那兒，不論善或惡、快樂不快樂、開心不開心，都不會影響它。元神僅僅是我們探求更高智慧和體悟人生的媒介，它與我們同為一體，若有分別心，會導致兩者之間更加疏遠——沒有我們與它的分別，它就是我們，我們就是它，你不能說剛才發脾氣的不是你，也不能說現在沒有發脾氣的才是我。

**既然為人，靈修路上必須以後天為主**，元神所扮演的角色是輔助我們去瞭解另一個世界的存在，修心養性便是讓元神覺醒的法門。容易受元神左右的人，或許是一個毅志力不堅定、內心脆弱的人，若想要克服元神對於自己的影響，最直接的方式便是從生活磨鍊起。

在靈修課程中，有些學員常在練習觀息法時不自覺靈動、打拳、比劃手勢。我告訴他們：靜坐是學習保持一顆平靜的心，靈動是學習功法達到體健功效。要靜坐便靜坐，要靈動就靈動，不要又是靜坐又想靈動，連自己的心都控制不了，如何能使後天靈與元神相融？學員從此在靜坐中不曾有任何靈動狀況。靈修路上不要去想該要如何融合它，「想」便是一種「執」，融合應自然而然發生在靈修路上。元神與我們關係非常奧妙，愈想愈得不到，愈平靜反而愈容易看透一切。

## 不要執著於元神的真面目

至於是否要知道自己的元神、主神，其實並不那麼重要。初踏入靈修世界的朋友，往往會很好奇：自己的靈來自於何處？主神為何？元神是什麼？所以會有「點靈、認主」的儀式，甚至有「不認主就會在靈修路上遇到外靈、冤親債主的干擾」等說法。然而，點靈、認主並不能保證你不遭遇這些問題，甚至有人花大錢點靈、認主，到最後也是一場空，豈不令人嘔氣！

**瞭解元神的面貌，應是靈修的結果，而非目標**；真正下苦心實修才是最重要的，透過潛心實修，自然而然地會在某一天瞭解元神原貌——唯有靠自己實修後得到的體悟，那才是真。

## Q7 啟靈後變得很敏感，容易被「無形朋友」騷擾？

意念與心態，決定了是否會承受無形力量的干擾，為何在我走靈修的路上沒有發生過所謂的外靈干擾、邪靈附身（靈擾）？是因為有仙佛高靈保護嗎？在此先分享一個發生在我朋友身上的小故事：

朋友在前幾年忽然變得經常受到無形朋友的影響，半夜睡覺時總是遇到鬼壓床，而且不分地點，就算到國外出差，還是會有外國鬼來壓床。有一回到美國出差，他在半睡半醒中，依稀看到一名穿著五、六〇年代紳士服的男性站在床前。它一出現，朋友全身就無法動彈，只能眼睜睜看著它。

他已經非常刻意避開陰地或宮廟，也去廟宇求了平安符戴在身上，但是不論戴幾個都沒什麼用，每隔一段時間他就要回台灣收驚。

朋友問我該如何處理這方面的問題？難道得認命地不斷收驚，等到塵緣盡了並乖乖展開修行後，才能免除？

現場我以接訊息方式請示主神，祂告訴他：「所有問題的發生，一定有其因果關係的存在，事件絕不會平白無故地發生。以心念來說，你內心深處認為自己的體質容易被外靈干擾，就會讓這樣的事情重複發生，要解決這樣的事件，就必須不斷地告訴自己：『只要有專注力與意志力，自然就不會有外靈干擾。』轉念來看待，靈擾的發生有時並不是一件壞事，而是要讓你提升對無形之事的抗壓性。當你從內心開始培養起更堅定的意識力時，所謂的靈擾現象便會開始減少。」

我告訴朋友，不要相信有所謂靈擾的現象，就算發生了也不要去在意它，當成一場境過去就好，把靈擾當成生活中的無常，放下就不會再升起。靈的世界非常奇妙，心念產生的同時，靈就會衍生出來，就像一顆石頭、一棵樹、一幅畫，接受人們的香火久了，自然便有了靈識。是誰讓它升起靈識？是我們的心念。

雖然有人會懷疑，除非「練就了金剛不壞之身」，才可能以意志力克服外靈的干擾，但事實勝於雄辯，這麼多年過去了，朋友國內外跑來跑去，再也不曾遇過外靈騷擾了。

## 瞭解鬼的世界

鬼是一個靈體，它們所存在的四度空間與我們的居住空間是相疊而生，簡言之，鬼並不一定只會留在陰暗之處，出沒的時間也不一定是在半夜，一般來說，鬼特別多的地方有以下幾種：

⑴接近早晨的卯時（五點至七點）和傍晚時刻的申時（三點至五點）居多。

⑵香火鼎盛之處，比如早期大家樂盛行時的陰廟或神壇（此指主事者心術不正所經營之宮壇）。

但是，鬼其實大部分並不帶有邪念與惡意。那麼，何種鬼出沒才會引起人們的不適，甚至發生重病不起、附身等現象呢？主要有二種：

⑴曾發生過凶案的宅第、屋宅。

⑵某處特別容易發生車禍、溺斃之處。

## 如何避免外靈附身？

一、**不要無事惹事端**——知道何處曾發生凶案、鬼怪之事，就應盡量避免前往，不要以為年輕氣盛，身上又有戴護身符便能靈光護體，人再厲害，也不能抵擋住陰地所造成的煞。以筆者所探訪的鬼屋來說，不僅有早先枉死的女魂怨恨，亦已聚集了其他外靈逗留，那是因為陰地所導致的牽引，人畢竟是凡胎，如果你沒有正念，平時又無鑽研於氣功、靈學或其他靈性修行，哪有能力去對抗環境所聚集的陰氣能量。

二、**保持正常的作息和運動習慣**——人體氣場充斥著正負能量，維持陽性能量、正面能量的方式便是早睡早起。有正常的生活作息，飲食習慣又不特別嗜好肉類者，氣場自然便會代謝負面能量，取而代之是正面、陽性能量。人體最好的能量來源就是天然的陽光，這也是為什麼住院病人要常常去戶外曬太陽的原因。假使你的體質很容易招惹外靈附身，記得可以在早上七點左右到戶外，脫鞋打赤腳踏在土地上，雙手掌心向著太陽，讓雙手吸收太陽光的正面能量，將負面能量從腳底排至大地，通常能有效改善你的困擾。

## 敬鬼神而遠之

有人詢問一位上座部禪師，在修行中是否曾遇到令他感到震驚之事，禪師緩緩地說：「人啊，都曾看過身邊親人、朋友一個一個死去，卻忘了自己其實有一天也會死，此事是最令我百思不解之處。」在世時，如果學不會如何捨，往生那一刻便有可能因為我們的心念而逗留於人世間，心念的執，可能會讓一個無法正常投胎的魂隨著時間而轉變成所謂的地縛靈、鬼魂。

「鬼」在我們印象中，是一種非常可怕甚至會引起人重症的靈體，但這也許是我們從報章媒體、新聞報導、靈異書籍、神怪電影中吸收了太多對於鬼的偏頗觀念所致，靜下心來好好思考，它們就只是人心念下的產物。

孔子德隆望尊，是具有高尚德行的先師聖賢，在華人世界中受到後人尊敬、禮崇，對於鬼神之事，他以一句「敬鬼神而遠之」，指出對鬼、對神都必須抱持相同的尊敬心——尊敬並非迷信，而是以正念與正信來看待之。

鬼是六道眾生之一，它們與我們均屬靈界眾生的一部分。鬼存在於某一地方必定有它們存在的因緣，或許是它們留戀於世間情愛、割捨不掉對親人的眷戀等。同時，我們也該反觀自己是否與它們相同，對某一個人、一件事、一個物品產生了過度的執戀。但話說回來，只要我們尊重彼此存在於世間的生存權利，多半就能自保而不受外靈的干擾——**尊重不只是人與人之間在世的基本禮貌，更應該要擴大到生存在這婆娑世間的萬物眾生。**

## Q8 仙佛真的會附身在啟靈的人身上嗎？

一個人元神覺醒之後，便不可能被仙佛附身，此外，真正的仙佛亦不可能未經我們的同意就附身，一切的顯現都只是我們**心念的投射**罷了。

肉體是我們的，仙佛又怎麼未經我們同意就附我們身？元神僅是一個人與仙佛之間溝通的媒介。當一個實修的靈修者，心性虔誠、意念專注時，便可以透過元神意識與仙佛溝通；雖然有時元神所顯現的會與仙佛肢體動作相似，或自稱是仙佛到來，但其實這都只是意識投射的結果，並非真正的仙佛附身。

透過下圖，我們可以明確地瞭解到，靈修者的意識中同時融合了先天與後天意識，外靈訊息會投射在我們大腦中的元神意識。一個與元神意識融合之靈修者，便能夠將訊息內容再轉換成一般人所能瞭解的文字或語言，而還沒有辦法達到融合之人，便只能說出一些聽不懂的靈語或天文了。

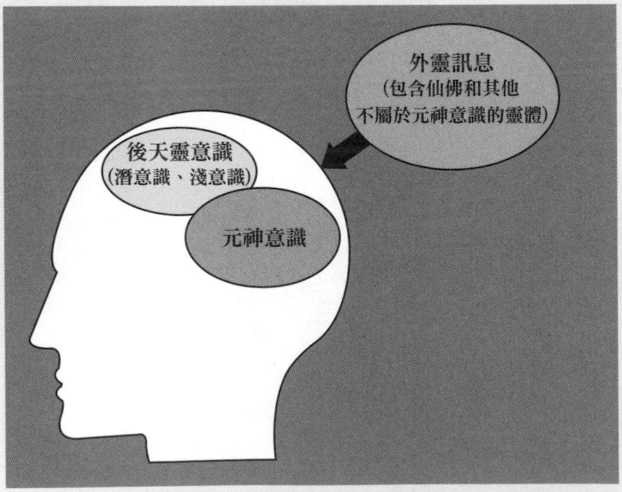

仙佛僅是將訊息投射在靈修人的意識中，而不可能出現仙佛借身的事件，假使真有靈修人被仙佛附體，那麼他的意識便不可能是清楚的。既然如此，又該如何分辨哪些是仙佛訊息、哪些是潛意識作祟？元神是一個不具有思考能力的能量體，它所呈現有一大部分是我們的潛意識，要如何判斷，還是必須將專注力回歸於內心世界，**問問自己用何種心態來看待靈修**。

靈修者的能力隨著後天精進、元神覺醒程度不同而有程度上的差別，這又牽涉到每一個元神累世所修習的專長而有所不同。

## Q9 啟靈後的人會有特殊能力？

簡單來說，**如果一名靈修者能用非常專注的意念來控制元神**，他便會有許多想像不到的能力。

我在後期為人辦事的時候，已經能讓往生者的意念投射在自己的元神意識之中；雖然理論上這與接收高靈訊息大同小異，但聽起來容易，實際上卻要有相當大的專注力才行。不過，如果只是替人辦事、看風水、處理淨宅等等，那麼只要轉換元神意識便能處理，無須任何辦事工具。

## Q10 元神寫天文，只有它才看得懂？

靈修者在會靈時，所接收到的訊息透過書寫方式記錄下來，一般宮壇會教導靈修者用紅筆將天文寫在黃色書文紙上。在宮壇文化中，天文有許多的令人百思不解的說法：

⑴元神將累世所犯的過錯書寫於天文內，向仙佛稟告後燒化，代表赦因果，如果未赦因果、消業障、處理冤親債主，會不斷受到干擾並且波折不斷。

⑵天文（亦稱靈文）是帶有翻譯天文命的元神才看得懂，一般人看不懂。

⑶燒化天文會要靈修人的性命，靈障愈積愈深。

針對第一點赦因果，假使元神書寫的內容後天靈看不懂，如何得到赦因果的效果？舉例來說，一名被告犯了過錯，原告提出告訴，被告願意賠罪卻亂寫一堆看不懂的文字，拿給庭上的法官看，請求免於刑責，你覺得法官會接受嗎？你連自己寫的東西都看不懂，實在看不出誠意在哪。

至於第二點帶天命之說，誰來到人世間不是帶有感情、工作、人際等功課？我之所以認為天命之說是以訛傳訛的說法，主要是因為我身邊有不少靈修人，既沒有走宮壇，也沒有辦事，依然可以看懂自己所寫天文，還能翻成白話，難道這些人都帶有天命？假使這些人統統帶天命，那天命二字就不值錢了。

第三點「燒化天文會要靈修人的命」更扯，我實在搞不清楚當中的邏輯——燒紙與要人命究竟要如何畫上等號？

天文與靈語相同，皆是元神轉換訊息後透過後天意識所表達的內容，無法瞭解其中的內容，主因是肉體與元神意識尚無法達到共識（合一），導致元神（它不是靈，只是一個意識而已）所接收到的訊息無法讓後天靈瞭解。若有此情況，就需要先記下當天的訊息內容，日後再慢慢去解讀其中奧妙，這就像學生必須在課堂上做筆記，回家後還得慢慢溫習上課的內容。

靈語與天文只是一種意念的傳達，既不是語言，亦非文字。每一個靈修人看靈語和天文的角度不同，主因在後天意識上，那麼，天文可以互翻嗎？拿給十個人看，講出來的答案都不盡相同，頂多原意大同小異，但不可能一模一樣。有人從天文中看到影像，也有人看到純文字，隨著不同人的解讀而有所差異，如果透過別人來當翻譯員，心中大都會有隔靴搔癢的感覺。因此，**學習如何看懂、聽懂自己所寫的天文與靈語，就是面對自己、挑戰自己心性的開始。**

## Q11 想要啟靈也是有方法的？

一、**自發功**——原為一種隱學，並沒有被廣泛當成一種功法討論。在早期，自發功往往與氣功、打坐息息相關；有人在練習氣功時，會不自覺打起本身不熟悉的功法，也有人在靜坐時出現晃動現象，但很少人將自發功視為一種獨立性的研究議題。

直到二〇〇三年林孝宗教授透過本身對於此現象的研究，將自發功規劃成一套有系統的教學後，才逐漸廣泛地被後人學習，開啟了自發功學習熱潮，蔚為一種動功顯學，目前台灣已有不少專門在教導自發功的團體與課程。練習自發功的同時，往往也會伴隨啟靈的現象。練習自發功雖然具有靈動功能，但尚不能將靈動與啟靈劃上等號，靈動是屬於元神（又稱本靈、元靈）帶動肉體的醒覺，靈動分為氣動與靈動兩種，兩者外觀看似相同，但須帶有元神之人才稱之為靈動，兩者仍有一大段的差異性。

二、**持咒、念經**——透過持咒、念經可讓心靈達到一種平衡、靜默的狀況，當後天意識逐漸地放鬆和專注於持咒上，帶有元神或氣場較強之人便容易啟發體內元神之覺醒，待與先天意識達到接觸點時，便能產生靈動的狀況。承如第一項自發功的觀點，須帶有元神之人才能謂之靈動，一般在持咒、念經產生之晃動現象，僅可稱為氣動。有些人是在持咒、念經時由原本的唱誦變成靈語，這則是啟靈後的另一種階段。

三、**打坐、冥想**——人在靜坐中，腦波會呈現半清醒現象，處於「心靜氣強」狀態，假設此人帶有元神，或者元神已有某程度的覺醒，透過打坐、冥想亦能啟靈。就算此人無帶元神，也會因「心靜氣強」帶動內在氣場能量，產生所謂的氣動現象。換言之，打坐與冥想都有可能引起氣動，但要達到靈動則視此人是否帶元神。一般而言，氣動的狀況屬較規律性動作，比如身體前後左右晃動，或是身體不斷地旋轉等；靈動則是打拳、寫天文、講出一連串我們所聽不懂的語言——靈語。

四、**因緣所聚**——除前三項之外而發生啟靈現象者，例如聆聽宗教（靜心）音樂、朝拜靈山、靜心舞蹈（旋轉功法、奧修靜心舞等），或者長期接觸靈媒體質者也可能引發啟靈現象。例如友人小相，即因我的緣故開啟他啟靈觸機。

透過宗教及人為力量協助靈修人喚醒先天意識，一律統稱為外力啟靈。這種方式在宮壇術法中較常看到，但隨著靈動、靈修的流行，在台灣一般的身心靈團體亦可見啟靈法。目前不少身心靈團體，即由團體主事者帶領、協助學員啟靈，所用的啟靈方法以前面所述的自我啟靈法居多。這與專長、領域有關係，外力啟靈法是宮壇結合傳統道教法為主，至於是否一定要使用以下方法才能達到啟靈，就見人見智了：

一、**紙蓮花啟靈法**——欲啟靈者手持紙蓮花於頭上轉動，而靈修前輩、神明乩童站在一旁指導並護持。此法為道教古術結合現今靈修觀念，是新興的一種啟靈法。蓮花有賜靈山、開智慧等意，故透過轉紙蓮花可達到啟靈功效。一般而言，紙蓮花啟靈法會搭配其他功法一起使用，比如九轉蓮花台啟靈法。

二、**九轉蓮花台啟靈法**——靈修人坐於紙蓮花陣之內，施予啟靈的前輩、老師、乩童等從旁協助當事者。九轉蓮花陣啟靈法是透過九朵蓮花之功德與能量，賜予元神一座靈山座蓮花，欲啟靈者之元神可得到能量，達到快速啟靈的效果，智慧開、靈自在，日後才能見光彩。就後學研究與觀察，九轉蓮花台啟靈不單單是放置九朵紙蓮花於八個方向及中間，有些宮壇會拿蓮花、荷花、菊花等代替，中間再放置水晶、礦石來增加蓮花陣之能量。此方法因應各個宮壇主事者觀念不同而有所改變。

三、**靈語啟靈法**——欲啟靈者靜坐於宮壇前或九轉蓮花台中間（端看宮壇主事者如何安排），施予啟靈的前輩、老師、乩童於一旁念誦靈語，以協助啟靈並疏通中脈與受阻之脈輪，通常是念誦靈語、歌仔戲調或較常聽到的五母會靈歌。另一種則是會靈啟靈法，欲啟靈者肉體放鬆，與前輩、老師、乩童等面對面站立，由前輩邊唱誦靈語邊在身上比劃，啟發欲啟靈者靈動，此即一般會靈、跑靈山與宮壇較常見的啟靈法。

## Q12 啟靈後，不靈修會變倒楣？

從出生開始，人生就是一連串的選擇，選擇學校、科系、朋友、工作、同事、戀人、婚姻、生兒育女、投資等，決定「如何選擇」的是我們自己的心性。每個人對每件事情的看法不同，產生了各式各樣的心念，才會交織成如此繽紛多彩的人生。每一次的選擇都是一個全新的人生，不管選擇後的結果如何，我們都必須以大無畏的精神勇敢承受它。

靈修亦是相同的道理，啟靈只是一個走入不同修行領域的觸機，它只是提醒我們，「你有一個全新的修行方式，你要試看看嗎？」這個潘朵拉盒子裡面裝的希望還是破滅，最終還是看我們以何種心念看待。靈修並非人人都適合，也並非是唯一的選擇，決定是否要走靈修這條路之前，先捫心自問：「我真的準備好了嗎？」假使答案是否定的，就暫且放下，當一個快樂又自在的平凡人吧！沒有必要在意他人的言語。

已啟靈的人，可能會常聽到身邊的人這樣說：「你啊，就是因為不走靈修才會讓生活不順利。」其實，元神曾在彰化慈惠堂說，如果不選擇開宮辦事，日後會讓我的生活一切都不順利。當時，我告訴自己：「人生是自己的，好壞一切由自己承擔，如果人生最終結果皆是死亡，那又何必懼怕過程，就算是自己的元神，我依然有權選擇我的未來。」所以，我選擇不把元神的話放在心上，而以一貫的步調走我的靈修路。我不知道今日的生活究竟算不算順利，但至少確定是有當時的選擇，才會有今日自在的我。

生活如果不順利，那就要回頭檢視這一路走來，我們是用哪一種角度與心態來面對自己的人生。今日就是昨日的顯現，明日便是今日行為的累積，瞭解心念所投射出來的行為，才有機會創造不一樣的未來。**切勿將靈修當成生活不順遂的擋箭牌**，人生最終還是要自己負全部的責任。

## 理性又感性的人比較適合靈修

一個對於任何事物易產生狂熱、執著之人，並不太適合以靈修為修行法門，因為過度狂熱易陷入境中無法自拔；然而，一個思想心性極度理性之人，也不適合走靈修，因為理性之人便不太容易進入「元神意識」，對於日後靈修路上許多的事情，見解也會呈現膠著、易鑽牛角尖的狀況。至於要如何維持理性又感性，你得自己去體會。總之，靈修並不適合每一個人，**啟靈也僅代表你有這張入門票**，是否進場，請先清楚認識自己後再下決定。

## 靈修之外的選擇

坦白講，捨棄了「普世濟俗」的靈修（與開宮辦事的通靈人相同），尚有許多「自修靈修」的修心方式可以選擇，例如佛教、道教、儒教、天主教、回教等；除了以上的宗教修，能從生活中發生在我們身上的每一件事情去體悟不同的人生看法，這也是一種修行，並不應將修行侷限在宗教當中。同修曾經在仙佛祝壽之日，接過某仙佛所寫下的一句謁語：

「道在紅塵鬧市修，全憑皈戒作根由，
在塵不塵真佛子，在俗不俗是真修。」

靈修的真諦，也僅是提醒我們**如何在紅塵中保持一顆平靜心**罷了。保持一顆明亮、平靜心來觀察一切萬物，而不受影響，便是一種修心方式。如果你不想走入靈修，也可以選擇「回歸平凡」，要知道本靈的喚起，只是提醒我們有另一個空間存在，只要你不願意，這個體質也會隨著我們的退卻心而退轉。

我分享自己的故事，並不是要宣揚靈修是最好的修行方式，而是要想藉由親身經驗提醒大家，**世界上沒有最好的修行，請選擇最適合自己的修行。**

# Q13 靈修＝靈魂的修練？靈修一定要靠宗教？

靈修只是一種修行的方式，而且與生活相關，

「靈修，是靈魂、靈性與意志力的修練。」

一、**靈魂修練**——包含範圍非常廣泛，除了每一個人都有的三魂，靈修最重要的是必須具備元神。因機緣成熟啟靈，使元神意識達到覺醒程度後，元神便會融入了三魂之中。所以，元神不會被視作多了一條靈，最好的解釋是將元神視為一種能量、意識，元神覺醒時就是激發潛在直覺力的一種能量。修行過程中，必須轉換元神意識才有可能達到靈魂之修的要件。

二、**靈性修練**——元神與後天意識要達到徹底融合，方式不應侷限於燒香拜拜、會靈、跑靈山等等，而必須著重心性上的修習，並時時以一顆平靜心觀察周遭所發生的一切。狂熱於宗教與靈修世界，會容易陷入虛幻迷陣的世界裡而走不出來。因此，在生活中所磨鍊的心性成熟度，是靈修精進的另一個要件，成熟的心會讓我們在靈修世界中學會如何止觀而不深陷其中。以個人經驗來說，南傳佛教的內觀或許是個不錯的選擇，內觀的修習，是讓我們時時觀照呼吸、情緒和念力，進而培養專注力。對於生活中的每一件事，皆能以平靜心看待不受影響，專注心才能不受外境干擾，這對靈性智慧的提升有很大的幫助。以如此修心態度接觸靈修，才能看透靈修路上種種異象的背後意義。

三、**意志力修練**——走靈修並非事事都要向仙佛祈求，有人說：「我也有拜神，為什麼還不受神的保祐。」這句話有點鄉愿。宗教信仰是內在的精神寄託，寄託不等於依賴，也非逃避生活的藉口。靈修路上確實會出現異於常人的體驗，比如與仙佛之間的接觸等等，但這不代表我們日後事事就能一帆風順。逆境是成功的基石，遇到挫折能不怨天尤人，以大無畏的精神面對靈修與生活上種種的逆境，才是走靈修最大的收穫。

## 培養自己的一套中心思想最重要

常有人提出疑問：「靈修是否一定要在宮壇？」「靈修是否一定要靠宗教指引？」對於靈修，我一直保持著親近卻理性的態度：我將靈修融入於生活中卻不依賴它，我相信靈修中不可思議的能量，但更相信人可以創造未來的一切；我從生活中思辨靈修，再從靈修回歸到生活；我視靈修為宗教的另一種型態，卻不侷限於世俗眼中的宮壇道場。

人們必須培養屬於自己的一套中心思想，透過這套中心思想來思辨啟靈後的異象，才能不受事物影響。我以佛學觀點來學習靈修，我喜歡佛教中平靜式的教導，它所傳遞是一種正念，將此正念當成生活、靈修上的戒尺時，內心便不容易產生徬徨與動搖。

一個人想從內心覺起正念及思辨力，需要從生活體驗中觀察起，發生在我們生活周遭的一切都是寶貴的學習；期盼能以不同的角度切入靈修，就必須從跳脫世俗的宗教觀；如果想要擁有屬於個人的中心思想，就必須不斷為「靈性」補充精神糧食，如同由內心注入更多善知識以鞏固一顆道德心。至於靈修是否可運用科學角度來印證它，我只能說很難，**用科學角度就不可能體悟一切的法**，這道理就像用顯微鏡去觀察心臟，怎麼找都不可能找到佛法中所言的「心識」。

所以，「是否一定要在宮壇裡才能精進於靈修？」的答案，應該已經呼之欲出了。「修行」二字包含了扮演好生活當中的各種角色，生活就是一個道場，能從生活中真正體悟真理的人，所得到的智慧與從宗教裡所獲得的，其實是相同的。只要能打從內心發起對仙佛的虔誠，瞭解祂們所要傳遞的訊息——慈悲、大愛、智慧、平等。以如此的心貫徹在生活當中，心中有祂們，傳承祂們的精神便是一種宗教，若能如此，靈修又何必侷限在宮壇道場之中？

人世間的各種宗教都是要讓我們**回歸內心的平靜**，靈修亦是如此，靈修絕非追求神通，當然更不是所謂的修行捷徑，它是一個誘導我們往內心探尋的法門。

千百年來，我們習慣向外尋找名師以指引我們如何瞭解自己，而啟靈後，則需反其道而行，**先從內心覺醒再從生活、宗教中體悟一切**。

# Q14 最好的靈修方式是什麼？

所有好的修行最後都必須回歸到一個本質——不執著。最後，你必須放下所有的禪修法門，甚至連老師都要放下。如果一個法門能引導我們放下(relinquishment)、不執著(not clinging)，那麼，這就是正確的修行了。即使連定(平靜)都不該去執著。

——擷取自《阿姜查的禪修世界》

靈修方式沒有對錯，對與錯是建立在我們自己的需求之上，宮壇、道場式的教法並非不好，而是教導者的方式是否符合你的需求，靈修的修行形式通常會依引導者心念、經驗、所學不同而有所改變。

## 世上沒有最好的修行，只有最適合自己的修行

萬物本無好壞之分，左右它的是人類的心念。放眼天下，再光明的教派亦有黑暗一面，再正派的宗教也會隨著時間流逝而現出人性；靈修也是如此，沒有好壞之分，僅看你如何去「看待」。不論是好是壞，都是要放下，不要讓好壞的意

念留在心中。捨棄喜、惡的觀點，才會有機會踏入修行。如果你的心有了好壞之分，就會阻礙修行；體驗沒有好與壞，只是一個去感受的過程。你要做的是，覺知內心需求：

**瞭解自己想要的靈修形式是什麼？**

**你想要的修行法是什麼？**

**你喜歡的靈修方式又是什麼？**

**希望在靈修上得到何種收穫？**

**想要讓靈修改變你何種習性？**

我從來不以「對錯」評斷目前所接觸的靈修法，我僅自問：在這過程中我自在嗎？快樂嗎？我有感到更多疑惑與無明嗎？

Q15

## 走靈修一定要會靈、跑靈山嗎？

台灣的靈山聖地，除了靈修者必去的朝聖地，尚有許多靈修前輩口耳相傳、外人鮮少踏足之處，如鹿谷的鳳凰谷——鳳凰老母、台中縣大雪山——雪山老母等（以上皆無實體廟宇存在，須靠前輩指點），傳統跑靈山的說法，其目的不外乎接無形旨、無形寶、開天文、增加元神與後天靈融合度等，或是聆聽仙佛教誨、藉靈山氣場協助啟靈。隨著時代及帶領者的觀念，從一開始的清靜修演變成一場接一場的會靈大會、擺陣法……，不僅外人霧裡看花，連想進一步瞭解靈修的朋友也常常感覺到無所適從。

### 重於形或精於心？

內省與正念的生活態度，才是決定自己與元神融合度的關鍵。在認識錢大哥前我已經啟靈三、四年，那段時間我沒有跑過任何一處會靈聖地，雖然對自己所書寫的天文內容尚無法瞭解，卻已經能為人解讀訊息，從原本全都是靈語到夾雜著幾句白話，隨著自己摸索時間愈久，白話所佔的比例也愈高，至今已經可以決定要運用靈語或心通來接收訊息。

我看過不少靈修朋友，雖然已經啟靈多年，但是因為看不慣傳統宮壇裡的修行方法，而不曾接觸過宮壇，亦未跑過靈山，他們以理性的態度看待靈修和發生在自己身上的事情，也因為如此，我從他們身上看到一種全新的靈修態度。不同於傳統宮壇，他們不會將生活上諸事的不順遂——學業、事業、財運、身體、婚姻、人際關係、經濟狀況全歸咎於沒有「走靈修」；同時，因為他們也沒有接收太多未經實證的靈修觀念，心態反而更顯沉穩。

**靈修是否一定要跑靈山？這沒有絕對的答案，仍需回頭自我審思「用何種心態來看待跑靈山」**——帶著一顆欲求心接觸靈修、跑靈山，反而更容易迷失在迷霧當中；以一顆平靜心來看待靈修，反而能跳脫世俗的謬誤看法，從中得到更多真諦。

# Q16 靈修的路上有沒有老師？

當有學員想報名我的「靈修．覺醒旅程」的課程時，我都會與每一位學員仔細確認一個問題：「你接觸靈修的動機是什麼？」每個人在做一件事前，心中都會有一個動機，來影響你對此事的決定，踏入靈修領域的動機也影響了你日後是否能不受外境左右。

有人說：「我想要通靈、神通，所以想要走這個方便捷徑。」

我告訴他：「靈修的目的不是通靈，如果你是想要通靈而接觸它，有一天，你所受到的考驗會比一般人更大，因為你的心念已經著相了。」

有人告訴我：「我不知道靈修是什麼，只是純粹想瞭解它。」

我告訴他：「如果你有其他更好的修心方式，例如內觀、念經、打坐或一般的拜拜等，以上都是很好的修行法門(修行，修正心念與行為)，靈修並不是一個方便之門，它只是另一種選擇，但不一定會是最好的。」

要安全地走在靈修的路上，應該回歸內心自問自己抱持何種心念接觸它，「止觀」就是心念最好的剎車器。瞭解自己的心念、動機，日後遇到靈修上種種異象、誘惑的時候，才知道要在內心踩下剎車器，提醒自己是否偏離了原本最原始的動機了。

## 沒有最好的老師，只有最適合自己的人

靈修沒有老師，所謂的「老師」，其實只是比你資深的前輩，而真正的老師其實是你自己——一個人唯有先瞭解自己，才有可能在靈修路上有所精進。我說過一句話：「不要批評曾經教導過你的人，或許日後有種種原因導致你脫離了他們，但不要忘了，就是在那個時候有他們的指導，才有今日的你，每一個修行過程都是寶貴的。」

在靈修上有實修的人，有幾個特徵可以判斷，以下幾點提供給大家參考：

一、**會將靈語翻成白話**——後天意識與元神意識融合時，自然而然就能將靈語翻成白話，甚至能隨意念控制是要講靈語或白話。一個老師如果滿口靈語，那也就代表了實修程度尚不足。

二、**靈修辦事不需要使用道具**——靈修是一種意念的修行，也是一種靈魂的修行，在為人辦事時，例如收驚、靈療、祭改、收魂、看風水等，都是請主神告知後，轉換元神意識處理，不需要使用任何道具，道具是宮壇的儀軌，是否要併入靈修辦事中，一切都由主事者自己決定，與辦事成果無絕對關係。

三、**靈動教導無法示範**——靈動是每一個人元神意識覺醒後，所轉換出來屬

於本身的功法，時機成熟時會有仙佛指導，靈動不同於人世間拳法需要老師示範教學，經過示範後的靈動就會陷入相中。

**四、滿口帶天命、天機者需小心**——靈修有許多能力都必須下苦心實修才能得到。以靈語翻白話來說，無法順利翻成白話，純粹只是靈修者大腦雜念過多，許多煩心事放不下所導致，只要好好學習打坐或修習南傳佛教的內觀，待心念平靜，轉換元神意識時便能保持平靜心，很快就能順利將靈語翻譯成白話，與帶天命毫無關係。當一個老師動不動就以帶天命、天機來說服弟子，其動機可議。

**五、不帶脅迫、利誘的教導**——靈性成長建立在自發性，一位真正好的老師懂得以各種方式引導學生向內思考，以覺醒他們內心對於成長的渴求，而非語帶威脅地恐嚇他人：「不走靈修你會家敗人亡。」「你的靈是低等靈、外靈、妖魔，只有在我這裡才能找到真性。」諸如此類的言語都不應該出現在具善知識的老師口中。一位具有善知識的老師懂得「點、指引，其餘就看造化」的道理，他會針對學員心性提出建議，而學生小心的是：勿因有他人引導就疏忽了聆聽內在聲音的重要性。

修行方式因應帶領者而有所不同，無法一一舉例，以上僅提供幾個簡單的方式，供讀者自行思考、判斷。

## Q17 乩童、通靈人、靈乩又有什麼不同？

乩童辦事須要透過外靈附身，仙佛與低等靈都是外靈，但過程中依然存有個人的意識形態，故外人無法分辨其中的真真假假。隨著辦事的時間愈久，乩童本身的敏感體質也會愈敏銳，有不少原本以乩童辦事的人，逐漸地轉變以通靈方式，不再讓外靈附身辦事。

通靈人便是俗稱的靈媒，以看到、聽到或心通為主要的辦事方式，他們不必依靠外靈附身，僅須讓外靈將聲音或畫面顯示，再傳遞訊息讓人瞭解，便達到辦事的效果。一般來說，陰陽眼也是屬於通靈人的一種。

以靈修方式辦事者，我們會以靈乩稱之。有一些靈乩無法看到、聽到外靈的訊息，也無法讓外靈附身辦事，而必須轉換元神意識——以透過元神才能瞭解訊息來源。與元神意識融合度高的靈乩，便具有轉換靈語的能力，所書寫出來的天文不再是鬼畫符，而是一首首對仗工整的古詩或謁。靈乩的能力與後天心性成熟度、融合度有絕對大的關係。乩童、通靈人與靈乩之間的相互關係如下：

**乩童可以轉為通靈人，卻很難變成靈乩；通靈人有可能成為乩童和靈乩；靈乩不可能是乩童，卻有可能變成通靈人。**

多年前有一位讀者問我：「你的靈修故事還有後續嗎？」雖然繼《我在人間與靈界對話》之後，我又出版了《我在人間的靈界事件簿》，但該書實為進一步釐清說明靈修、元神、靈脈等觀念，對《我在人間與靈界對話》的人物上卻未有進一步的交代與延續。我曾動念提筆再寫一本「我在人間」系列來當成最終曲，適逢此書出版十週年再版，便順此因緣在本書結尾對所有人物做一個後續交代。

## 你的靈修故事，它們就是你專屬的神話

宮廟——

**台中北屯，主神觀世音菩薩**：目前仍然繼續經營中，已經轉型成唸經道場，固定時間舉辦超渡法會，鮮少為人處理靈學之事。

**新北某慈惠堂，主神無極瑤池金母**：已經結束不再營業，傳聞是因堂內人事糾紛。

**彰化某慈惠堂，主神無極瑤池金母**：因師姨年事已高，無人接手堂內事宜，目前已不再為人辦事。

人物——

**小蘋**：初啟靈時第一位帶我進入宮廟的朋友，現已為人妻，育有兩個小孩，已不再接觸宮壇。

**小魚**：與夫婿兩人經營公司多年，在中部地區頗有名望。

**冠群**：全家不再接觸宮壇與靈修，因父母欠債甚多，至今仍無個人財產。

**冠群之父**：多年前逝世，離世前對靈修淡然失望，後期交談時也甚少提及靈修之事。

**錢大哥**：搬離原住處，淡離靈修。

**小相**：已完全失去元神之力，不會靈動與說靈語，據知已經不再碰觸靈修。

**高師姊**：宮壇已經收起來。

看完這本書和書中人物的後續交代，不知你有什麼想法呢？走在靈修路上超過二十年的我，心中僅剩無盡的感慨，靈修確實充滿了令人迷失方向的誘人之事，稍有不甚，就可能困在其中走不出去，就像書中所提及的人物與宮廟，二十年過去了，又有多少人仍然在靈修這艘法船上呢？

如果你看了我的故事，也想一睹靈修的風采，我想提醒你一件事，各位就當是聽一個比你多走幾年的資深靈修人在嘮叨吧。靈修比大海更詭譎多變，再厲害的船員也不能料準這趟出海命運將會如何，如果你決定要踏上靈修道途，要記得天底下沒有人能料準你日後的發展，不論你此時此刻生命遭逢何種苦難、是否遭遇到光怪陸離之事，都不要太在意他人對你的看法，也不必將他人的意見放在心上——身在靈修，最重要的是時刻保持清醒與覺知。

如果看到這裡，你仍對我的元靈、主神、靈脈是什麼，以及我的靈修後續發展感到好奇的話，不妨翻閱一下我的其他靈修著作，尤其是這本書的續集——《我在人間的靈界事件簿》，以及《靈修人關鍵報告》與《我在人間的靈修迷藏》——這兩本書絕對是靈修新手入門必須配備的安全手冊。

最後，我想引用無極瑤池金母降乩的一段話當成結尾，送給正走在靈修路上的你——

「靈修的第一步，不可以模仿他人，人要『像自己』，讓自己在一片屬於私我的天地間思考。你必須要知道，當你回歸到最小的地方去思考時，你才能走出世界。為什麼這麼多人走不出心的世界？走不出去更大的世界？因為他都在逃避此生應該負擔的責任。假如每個人都走靈修，就如水一樣，最終會得平靜。一個人想要靈魂真正地覺醒，得先要在一個能觸發因緣的環境。」

**宇色，靈元院創辦人**

福滿喜事到，
人和富貴來。
——瑤池金母慈訓

福滿喜事到，
人和富貴來。
——瑤池金母慈訓

最猛職人

26

最猛職人
26